乾物料理

有元葉子

お吸いもの、煮もの、煮びたし、おそばやうどん……、昔ながらの和食は、私たちの身体や心をほっとなごませてくれます。それって、だし汁の鼻をくすぐるい〜い香りのおかげ。昆布とかつお節、そして煮干しのチカラです。考えてみたら、いずれも乾物。乾物は、海に囲まれ、海産物や野菜中心の食事を続けてきた日本本来の食品であり、日本ならでは保存食としての知恵。アジア諸国にも乾物はありますが、イタリアをはじめとしたヨーロッパでは、あまり見かけません。日常的に使っているのは乾燥豆、ドライトマト、フンギくらいでしょうか。

自然のおいしさがギュッと詰まった「乾物」で"味わう"料理

　そんな日本の乾物の中には、かつての人々が長い年月をかけて育ててきた傑作がたくさんあります。切り干し大根、ひじき、干ししいたけ、干しずいきなどなど。私の父の大好物だった「にしんの山椒漬け」も身欠きにしんでなければ作れませんし、さっと炙っただけのたたみいわしのおいしさだって格別。乾燥させることによってうまみがギュッと凝縮され、水でもどしたり火を通すことによってそのパワーを存分に発揮します。手間と時間がおいしさを作っているのです。また、体に不足しがちな栄養素を補給し、体に蓄積された有害な成分を排出する働きもある優れた食品でもあります。私も自分で干し野菜を作りますが、これを料理するとうまみが詰まっていてぐんとおいしくなります。太陽の光を吸収することによって栄養成分もアップします。

　乾物はもどして煮たり、またそれを2重、3重に料理しなければならないからちょっと面倒では……という方もいると思いますが、乾物だからこそできるおいしい料理も数多くあり、それを食卓にのせない手はありません。ここでは、私が日常的によく使っている乾物をラインナップし、私なりに簡単に食べられる方法、シンプルに"味わう"レシピをご紹介したいと思います。

有元葉子

目次

ひじき
- 6　ひじきのアーリオ・オーリオ・エ・ペペロンチーノ
- 8　ポテトとひじきのフリッタータ
- 10　ひじきのパスタ
- 12　ひじき豚肉炒め
- 13　ひじきピーマン炒め
- 14　ひじきと牛肉の炒め煮
- 15　ひじきのサラダ
- base　16　ひじきのシンプル煮
- baseを使って
  - 17　しょうがあえ
  - 17　納豆あえ
  - 18　五目あえ
  - 19　卵焼き
  - 20　玄米おにぎり
  - 21　混ぜずし

切り干し大根
- 22　切り干し大根のおかず煮
- 24　切り干し大根のしょうが炒め
- 25　ひなびた煮もの
- 26　切り干し大根のしょうがじょうゆあえ
- 27　切り干し大根のはりはり漬け

干ししいたけ
- 28　しいたけごはん
- 30　干ししいたけの辛味炒めのせごはん
- 32　干ししいたけとプチトマトのパスタ
- 34　しいたけ麺

干しずいき
- 36　ずいきと厚揚げの煮もの
- 38　ずいきのみそ汁
- 39　ずいきのごま酢あえ

かんぴょう
- 40　かんぴょうのにんにくベーコン炒め
- 42　かんぴょうの甘酢炒め
- 43　かんぴょうの含め煮

きくらげ
- 44　きくらげとキャベツのマスタードあえ
- base　46　きくらげのごま油じょうゆあえ
- baseを使って
  - 47　中華風サラダ
  - 47　中華風冷奴
  - 48　きくらげのあえ麺
  - 49　きくらげのお粥

身欠きにしん	52	にしんの山椒漬け
干だら	54	干だらとポテトのグラタン
	56	干だらと豆のトマト煮
	57	干だらの酒びたし
干し貝柱	58	我が家のシュウマイ
	60	貝柱ととうがんのスープ
	61	貝柱ごはん
干しえび	62	大根の干しえび炒め
	64	じゃが芋の干しえびがらめ
	66	揚げ野菜の干しえびソース
	68	干しえびとねぎのチャーハン
春雨	72	ベトナム風かに春雨
	74	春雨とひき肉の辛味炒め
	76	ゴーヤに詰めた煮もの
	78	白菜と春雨のスープ
	79	豆腐と春雨の小鍋仕立て
干しわかめ	82	わかめ卵炒め
	84	わかめとなすのみそドレッシング
	85	わかめと山芋のおかかサラダ
じゃこ	86	じゃことキャベツのかき揚げ
base	88	じゃこの酢漬け
baseを使って	88	きゅうりもみ
	89	おろしあえ
base	90	揚げじゃこ
baseを使って	90	じゃこピー
	91	豆腐のサラダ
桜えび	92	桜えびごはん
base	94	揚げ桜えび
baseを使って	94	エスニックごはん
	95	揚げかぼちゃとともに
Column	50	干し野菜っておいしい！
	70	あぶるだけでおいしい乾物たち
	80	ちょっとずつ残った乾物で

●計量の単位は、1カップ＝200cc、大さじ1＝15cc、小さじ1＝5ccです。

ひじき

私がいつも使っているのは、子供の頃から食べ親しんできた長ひじき。主軸の部分を一定の長さで干したもので、茎ひじきとも呼ばれています。もちろん好みで一般的な芽ひじきを使っても。▶もどし方／たっぷりの水に20分ほどつけてもどし、手ですくって細かいものは落とし、ザルにあげます。長ひじきの場合は包丁で食べやすい長さにザクザク切って使います。

○ひじきのアーリオ・オーリオ・エ・ペペロンチーノ

アーリオはにんにく、オーリオはオイル、ペペロンチーノは赤唐辛子。パスタではおなじみのこの組み合わせで、ひじきを炒めます。
にんにくと赤唐辛子を焦がさないように炒めるのがポイント。

材料・4人分
ひじき　20g
　（もどす。P.6参照）
にんにく　2片
赤唐辛子　1本
オリーブオイル　適量
塩、こしょう　各適量

1｜ひじきは食べやすい長さに切る。にんにくと赤唐辛子はみじん切りにする。
2｜フライパンにオリーブオイル大さじ3とにんにくを入れて火にかけ、少し色づくまでゆっくりと炒め、赤唐辛子を加えて香りを出す。
3｜ひじきを加えてからめるようにして炒め合わせ、塩とこしょうで味を調え、オリーブオイル少々を回し入れる。

○ ポテトとひじきのフリッタータ

ホクホクのじゃが芋とひじき、
そしてチーズを入れた
ボリュームのあるオムレツ。
オーブンでふんわりと焼き上げると、
アツアツでも冷めてもおいしいの。

材料・4人分
ひじき　30 g（もどす。P.6 参照）
じゃが芋　小3～4個
にんにく　1片
卵　5個
塩、こしょう　各適量
オリーブオイル　適量
パルミジャーノ・レジャーノ　40 g

1 | ひじきは食べやすい長さに切る。じゃが芋はやわらかくゆでて皮をむき、1 cm 厚さの輪切りにする。にんにくは薄切りにする。
2 | フライパンにオリーブオイル適量とにんにくを入れて炒め、香りが立って色づいたらじゃが芋を加え、塩とこしょうをふって炒める。
3 | ボウルに卵を割りほぐし、2、ひじき、おろしたパルミジャーノ・レジャーノを加えて混ぜ合わせる。
4 | フライパンにオリーブオイル適量を熱して3を一気に流し入れ、そのままフライパンごと180度のオーブンに入れて25分ほど焼く。
5 | 卵に火が通ってふんわりとし、弾力がついたら取り出し、食べやすい大きさに切り分ける。

○ひじきのパスタ

アンチョビーの塩気とひじきの磯の香りでいただくシンプルパスタ。パスタはひじきの太さに合わせて細めのものを使います。オリーブオイルは香り高いエクストラバージンに限ります。

材料・1人分
ひじき　10g（もどす。P.6 参照）
にんにく　1片
赤唐辛子　1本
オリーブオイル　適量
アンチョビー（刻んだもの）
　1枚分
塩　適量
スパゲッティ　80〜100g

1｜スパゲッティは塩適量を入れた熱湯でゆではじめる。
2｜ひじきは食べやすい長さに切り、にんにくは薄切り、赤唐辛子は小口切りにする。
3｜フライパンにオリーブオイル大さじ1とにんにくを入れて火にかけ、じっくり炒めて香りを出し、赤唐辛子を加えてさらに炒める。
4｜3にアンチョビー、ひじきの順に加えて炒め、塩で味を調える。
5｜ゆであがったスパゲッティを4に加えてあえ、仕上げにオリーブオイル少々をたらす。

ひじき豚肉炒め

豆板醤を効かせたピリ辛味の炒めものは、ごはんのおかずにぴったり。豚肉をカリカリになるまで炒めるのがおいしさのポイントです。

材料・4人分
ひじき　30g（もどす。P.6参照）
豚バラ肉（かたまり）　150g
にんにく　2片
ごま油　大さじ3
豆板醤　大さじ1
しょうゆ　大さじ1

1 | ひじきは食べやすい長さに切り、豚肉は細かく切る。にんにくは包丁の腹でたたきつぶす。
2 | フライパンにごま油を熱して豚肉とにんにくを炒め、豚肉がカリカリになるまで炒め続け、余分な脂を取り除く。
3 | 2に豆板醤、しょうゆの順に加えて味をなじませ、ひじきを加えて炒め合わせる。

○ひじきピーマン炒め

身近な素材で
パパッと作れるお総菜がこちら。
ピーマンにしっかり味をつけてから
ひじきを加えると、
飽きずにおいしくいただけます。

材料・4人分
ひじき　30g（もどす。P.6参照）
ピーマン　4個
ごま油、サラダ油　各大さじ2
しょうゆ、酒　各大さじ2

1｜ ひじきは食べやすい長さに切る。ピーマンは縦半分に切って種をとり、5mm幅の細切りにする。
2｜ フライパンにごま油とサラダ油を熱してピーマンを炒め、しょうゆと酒を加えて味を含めるように炒める。
3｜ ピーマンに味がなじんだら、ひじきを加えて炒め合わせる。

ひじきと牛肉の炒め煮

汁気がなくなるまでコトコト煮ると、肉のうまみがひじきにじんわり移ってコクのある味わい。
うちの常備菜のひとつです。

材料・4人分
ひじき　30g（もどす。P.6参照）
牛薄切り肉　200g
にんにく（たたいたもの）　2片分
ごま油　大さじ2
酒　2/3カップ
煮切りみりん　大さじ1
しょうゆ　大さじ3

1｜ひじきは食べやすい長さに切る。牛肉は小さめのひと口大に切る。
2｜鍋にごま油とにんにくを入れて香りが出るまで炒め、牛肉、ひじきの順に加えて炒め合わせる。
3｜酒、煮切りみりん、しょうゆを加え、ときどき混ぜながら汁気がなくなるまで中火弱で煮る。

ひじきのサラダ

生野菜のシャキシャキ感とレモンの酸味が加わったヘルシーな一品。海の香りがストレートに楽しめます。

材料・4人分
ひじき　20g（もどす。P.6参照）
紫玉ねぎまたは玉ねぎ　1/2個
パプリカ（赤、黄）　各1/2個
おろしにんにく　1片分
オリーブオイル　適量
レモン汁　1/2個分
塩、こしょう　各少々

1. ひじきは食べやすい長さに切り、熱湯にさっと通して氷水に通し、水気をきる。紫玉ねぎは薄切りにし、パプリカは種をとって細切りにする。
2. ボウルに**1**を合わせ、おろしにんにく、オリーブオイル、レモン汁、塩、こしょうを加えてあえる。

材料・4人分
ひじき　60 g（もどす。P.6参照）
ごま油　大さじ2
酒、煮切りみりん　各大さじ2
しょうゆ　大さじ4〜5

1 | ひじきは食べやすい長さに切る。
2 | 鍋またはフライパンにごま油を熱し、ひじきを入れて炒め、酒、煮切りみりん、しょうゆを加えて汁気がなくなるまでときどき混ぜながら強火で煮る。
3 | 煮上がったらすぐにバットなどに移し、広げて冷ます。鍋の中に入れたままにしてくと、余熱で火が通りすぎてしまう。

base ○ ひじきのシンプル煮

いわゆるひじきの煮ものですが、これはひじきだけを煮たごくごくシンプルなもの。ほかに具が入っていないので、サラダ、あえもの、ごはんものなど、いろいろな料理に使い回せます。
1袋いっぺんにもどして煮てしまい、冷蔵庫や冷凍庫にストックしておくと便利です。

baseを使って

○ しょうがあえ

しょうがはたっぷりめ。
ピリッとした香りが
効いている方がおいしい。

材料・4人分
ひじきのシンプル煮
　（P.16参照）　適量
しょうが、青じそ　各適量

1｜しょうがはせん切りにし、青じそは手でちぎる。
2｜ひじきのシンプル煮にしょうがと青じそを加えてあえる。すだちや酢を少しかけてもおいしい。

baseを使って

○ 納豆あえ

ひじきがしょうゆ味なので、
味つけは控えめ。
ごはんのおともにも酒の肴にも。

材料・4人分
ひじきのシンプル煮
　（P.16参照）　適量
納豆　適量
万能ねぎの小口切り　適量
塩　少々

1｜納豆に塩を加えて混ぜ、万能ねぎの小口切り、ひじきのシンプル煮を加えて混ぜ合わせる。
2｜味をみて、足りないようであれば塩で味を調える。

○ 五目あえ

baseを使って

具をいっしょに煮てしまうひじきの煮ものより、こちらの方が断然好き。あっさりしているだけでなく、それぞれの素材の味と食感が際立って、いくらでも食べられます。

材料・4人分
ひじきのシンプル煮(P.16参照)　1 1/2 カップ
油揚げ　1枚
にんじん、絹さや　各50g
白炒りごま　大さじ2

1｜油揚げは焼き網やオーブンで焼き、縦半分に切って細切りにする。にんじんは細切りにしてさっとゆでる。絹さやは筋をとってさっとゆで、斜め細切りにする。

2｜ひじきのシンプル煮に1と白炒りごまを加えて混ぜる。

○ 卵焼き

base を使って

フライパンで焼きながら切り分けていくラフなスタイルの卵焼き。忙しいときの朝食やお弁当のおかずになります。

材料・4人分
ひじきのシンプル煮(P.16参照) 1/2カップ
卵 3個
卵黄 1個分
塩 少々
ごま油 少々

1 | ボウルに卵と卵黄を入れて溶きほぐし、ひじきのシンプル煮を加えて混ぜ、塩で味を調える。

2 | フライパンにごま油を熱して1を流し入れ、箸でかき混ぜながら火を通していき、半熟程度になったら4〜5等分して折りたたみながらそれぞれまとめ、両面焼き色をつける。

材料・4人分
ひじきのシンプル煮
　（P.16参照）　適量
玄米ごはん(温かいもの)　適量

1 | ボウルに玄米ごはんを入れ、ひじきのシンプル煮を加えて混ぜる。
2 | 俵形ににぎる。

○ 玄米おにぎり

baseを使って

おかずとして作ったひじきのシンプル煮を玄米ごはんに混ぜるだけ。玄米ごはんには滋味豊かな乾物のおかずがよく合います。ここにごまじゃこをいれても。

混ぜずし

baseを使って

黒、黄、紅のコントラストが目にも華やかな大皿取り分けごはん。色だけでなく、味のバランスもちょうどよい感じになります。

材料・4人分
ひじきのシンプル煮
　（P.16参照）　約1カップ
ごはん　3合分
合わせ酢
　｜酢　70～80cc
　｜砂糖　大さじ3
　｜塩　小さじ2/3
白炒りごま　大さじ4
卵そぼろ
　｜卵　2個
　｜塩、酒、砂糖　各少々
紅しょうがのせん切り　適量

1 ｜ 合わせ酢の材料をよく混ぜて炊きたてのごはんに回しかけ、切るように混ぜ合わせてすし飯を作る。
2 ｜ 1にひじきのシンプル煮、白炒りごまを加えて混ぜる。
3 ｜ 卵は割りほぐして塩、酒、砂糖を加えて混ぜ、鍋に入れて火にかけ、箸でかき混ぜながら火を通してそぼろ状する。
4 ｜ 器に2を盛り、3の卵そぼろをのせて紅しょうがを飾る。

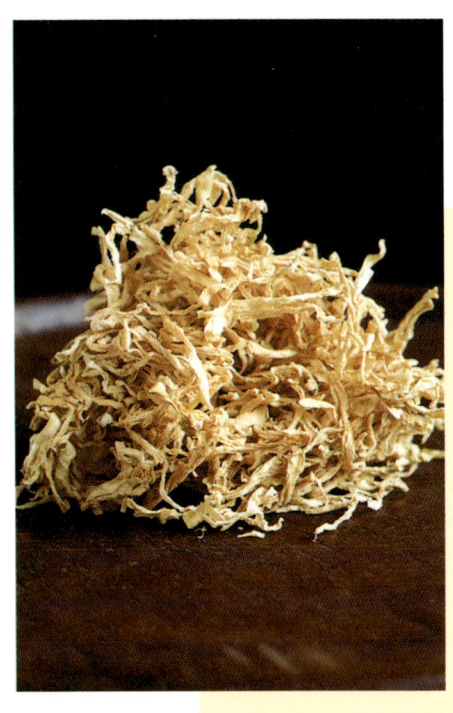

切り干し大根

切り干し大根は干し大根の一種。乾燥させることで甘みと風味が加わり、滋味深い味わいになります。煮もののほか、炒めものやあえものなどにすると、切り干しならではの歯ごたえと味わいが楽しめるのも魅力です。▶もどし方／手でもみ洗いした後、たっぷりの水に10〜15分つけ、食べられるくらいのかたさにもどし、水気をよく絞ります。

○切り干し大根のおかず煮

切り干し大根と相性のよいキャベツとしらたきを加えてボリュームを出し、牛肉でうまみをプラス。白いごはんがすすむこと、うけあいです。

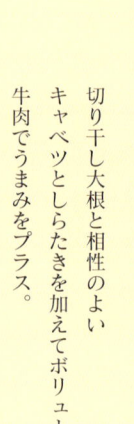

材料・4人分
切り干し大根 30g
　（もどす。P.22参照）
キャベツ（芯の方） 1個分
しらたき 100g
牛薄切り肉 100g
だし汁 ½カップ
酒 大さじ2
みりん 大さじ2
しょうゆ 大さじ3〜4

1｜切り干し大根は食べやすい長さに切る。キャベツはひと口大に切る。しらたきは熱湯で下ゆでし、食べやすい長さに切る。

2｜鍋にだし汁を入れて火にかけ、酒、みりん、しょうゆで調味し、1を入れる。

3｜牛肉をひと口大に切って加え、アクを取り、汁気が少なくなるまでコトコトと煮て味を含ませる。

切り干し大根のしょうが炒め

切り干し大根のシャッキリとした歯ごたえが存分に楽しめる一品。しょうがもシャキシャキ感を残す程度にさっと炒めるのがポイントです。

材料・4人分
切り干し大根　50 g
　（もどす。P.22 参照）
しょうが　3片
豚バラ肉（かたまり）　50 g
桜えび　ひとつかみ
ごま油　大さじ1/2
しょうゆ　大さじ1/2

1 | 切り干し大根は食べやすい長さに切る。しょうがはせん切りにし、豚肉は細かく切る。
2 | フライパンにごま油を熱して豚肉を炒め、桜えびを加えてさらに炒め、しょうゆで味つけする。
3 | 2に切り干し大根を加えて炒め合わせ、2/3量のしょうがを加えてさらに炒める。
4 | 器に盛り、残りのしょうがをたっぷりとのせる。

○ひなびた煮もの

いつ食べても飽きない、
また食べたくなる定番のおかず。
煮上がったらバットなどに移して
少し休ませたくらいがおいしい。

材料・4人分
切り干し大根　50g
　（もどす。P.22参照）
油揚げ　2枚
こんにゃく　1/2枚
だし汁　1 1/2カップ
酒、みりん、しょうゆ
　各大さじ3

1｜切り干し大根は食べやすい長さに切る。油揚げは油抜きをして縦半分に切り、細切りにする。こんにゃくは下ゆでして短冊に切る。

2｜鍋にだし汁、酒、みりん、しょうゆを入れて火にかけ、1を加えて中火で汁気がなくなるまで煮る。

3｜煮上がったらバットなどに移して冷まし、味を落ち着かせる。

材料・4人分
切り干し大根　30g
　(もどす。P.22参照)
おろししょうが　大1片分
しょうゆ　大さじ1〜1½
白炒りごま　大さじ3

1｜切り干し大根は食べやすい長さに切る。
2｜ボウルにおろししょうが、しょうゆ、白炒りごまを合わせ、1を加えてあえる。

○切り干し大根のしょうがじょうゆあえ

切り干し大根のひなびたうまみを引き立たせるのが、しょうがじょうゆ。ごまをたっぷり混ぜて味に深みを出します。

材料・4人分
切り干し大根　40g
にんじん　5cm
切り昆布　大さじ2
赤唐辛子の小口切り　2本分
酢　1/2カップ
しょうゆ　1/4カップ

1 | 切り干し大根はもどさずに手でもみ洗いし、食べやすい長さに切る。にんじんはせん切り。
2 | ボウルなどに切り昆布、赤唐辛子の小口切り、酢、しょうゆを合わせ、1を加え、昆布の粘りが出て切り干し大根に味がなじむまで2時間以上漬ける。1週間ほどもつ。

○切り干し大根のはりはり漬け

はりはり漬けはパリパリッとした歯ごたえが身上なので、切り干し大根は水でもどさないで使い、たっぷりめの漬け汁に入れて汁を十分吸わせるのがポイント。常備菜にしています。

干ししいたけ

干ししいたけは生しいたけとはまた違ったおいしさ。水でもどすと香りが高まり、生しいたけよりうまみが濃く、どんな料理に使っても風味が増すのが魅力。私がよく使うのは、肉厚なタイプの冬菇（どんこ）です。▶もどし方／たっぷりの水につけて一晩おき、手ではさんで水気を絞ります。慌ててもどさず、時間をかけてもどした方がおいしくいただけます。

○しいたけごはん

おいしいだしが出るふたつの素材、干ししいたけと煮干しを炊き込んだ滋味あふれるごはん。
ほかに具を入れない、そんないさぎよさが気に入っています。

材料・4人分
干ししいたけ　3〜4枚
　（もどす。P.28参照）
煮干し　10尾
米　2合
酒　大さじ2
しょうゆ　大さじ1
塩　少々

1｜米は洗ってザルにあげておく。
2｜しいたけは軸をとって細切り、煮干しは頭と内臓をとって手でさく。
3｜炊飯器に米を入れ、目盛りまで水を注ぎ、酒、しょうゆ、塩を加えてざっと混ぜる。
4｜3に2をのせ、普通に炊く。炊き上がったらさっくりと混ぜる。

○ 干ししいたけの辛味炒めのせごはん

やわらかくもどした干ししいたけとカリッと炒めた豚肉を、豆板醤とみそで味つけしたピリ辛おかず。これを白いごはんにのせて食べるのがおいしいの

材料・4人分
干ししいたけ　4枚
　（もどす。P.28 参照）
豚バラ肉（かたまり）　200ｇ
にんにく　4片
豆板醤　小さじ2〜3
みそ　大さじ1½
酒、しょうゆ　各少々
ごはん　適量
香菜　適量
ごま油　適量

1｜しいたけは石づきをとってそぎ切りにし、軸は薄切りにする。豚肉はしいたけの厚さに合わせて薄く切ってからひと口大に切る。にんにくは包丁の腹でたたきつぶす。
2｜中華鍋にごま油大さじ2を熱してにんにくと豚肉を入れ、豚肉に焦げめがつくくらいまでしっかり炒め、豆板醤を加えて香りを出す。
3｜しいたけの軸、しいたけの順に加えて炒め合わせ、みそを加えてよく炒め、酒でのばし、香りづけにしょうゆをたらす。
4｜器にごはんを盛り、3をのせ、香菜をのせてごま油少々をたらす。

みそは昆布で仕切って保存。みその風味が移った昆布もおいしい！

A：「干ししいたけの辛味炒めのせごはん」で使ったみそは、越後みそ。辛口とやや甘口の2種類を常備し、密閉容器に入れています。その際、日高昆布で仕切りをすると使いやすく、みそには昆布の香りが移り、みそがなくなる頃には昆布もみそ漬け状態になります。昆布も乾物、乾物だからこその使い方です。　B：みそ漬け状態になった昆布をごく細切りにし、ごはんにのせていただきます。お茶漬けにしてもおいしい。

○ 干ししいたけとプチトマトのパスタ

プチトマトで作るトマトソースは濃厚な味わい。そこに干ししいたけを加えるとさらに味に深みが出ます。アルデンテにゆであげたパスタを手早くからめてできあがり。

材料・4人分
干ししいたけ　3〜4枚
　（もどす。P.28参照）
プチトマト　20個
にんにく　2片
オリーブオイル　大さじ3
赤唐辛子　1〜2本
塩、こしょう　各少々
スパゲッティ　320〜400g

1｜しいたけは薄切りにする。プチトマトはヘタをとり、にんにくは包丁の腹でたたきつぶす。

2｜フライパンにオリーブオイル、にんにく、プチトマト、赤唐辛子を入れて火にかけ、にんにくを焦がさないように炒めていく。

3｜プチトマトがジューシーになってきたらつぶすようにしながらさらに炒め、しいたけを加えてグツグツと煮、やわらかくなったにんにくもつぶす。塩とこしょうで味を調える。

4｜スパゲッティは塩適量を加えた熱湯でゆで、3に加えて手早く混ぜ合わせる。

○しいたけ麺

鶏丸一羽でとったスープにしいたけを入れてコトコト煮れば、スープも極上。しいたけにも味がじんわりしみ込んで美味。好みで、干ししいたけのもどし汁を加えても。

材料・4人分
干ししいたけ　8枚
　（もどす。P.28参照）
青菜(小松菜、青梗菜など)　適量
ねぎ　1本
中華乾麺　4玉
ごま油、こしょう　各適量
鶏スープ
　┃鶏肉(さばいたもの)　1羽分
　┃しょうがのぶつ切り　2片分
　┃ねぎのぶつ切り　1本分
　┃水　適量
紹興酒または酒、しょうゆ、塩
　各適量

1｜鶏スープを作る。鍋に鶏肉、しょうが、ねぎを入れて水をたっぷりと注ぎ、強火にかけ、アクをとって弱火にし、1時間ほど煮る。アクをとり、ペーパータオルを敷いた金ザルでゆっくりと漉す。

2｜1の鶏スープに紹興酒、しょうゆ、塩を加えて好みの味に調え、しいたけを入れて弱火で1時間ほどコトコトと煮る。

3｜青菜はゆでて食べやすい長さに切る。ねぎは斜め薄切りにする。

4｜中華乾麺はたっぷりの熱湯でゆで、汁気をきる。

5｜器に2のスープを注いで麺を入れ、2のしいたけを半分に切ってのせ、青菜とねぎを添える。ごま油をたらし、こしょうをたっぷりとふる。

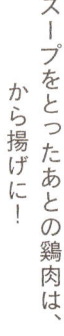

鶏スープをとったあとの鶏肉は、から揚げに！

A：鶏スープをとったあとの鶏肉はボウルに入れ、しょうゆ適量を回しかけてしばらくおいて下味をつけます。　B：それを中〜高温に熱した揚げ油に入れ、ゆっくりと時間をかけてパリパリッとするまで揚げます。　C：スタッフみんなで食べた昼食がこれ。鶏のから揚げ、切り干し大根や干しずいきの料理、そしてワイン。もちろん、しいたけ麺もいただきました。

35

干しずいき

干しずいきは芋がらとも言い、里芋の葉柄(ずいき)の皮を除いて乾燥させたもの。私は煮もの、あえもの、汁ものなどの和の料理によく使います。汁気を含んだときの独特の歯ごたえと風味が、気に入っている理由。▶もどし方／水で洗い、たっぷりの水に2〜3分つけてもどし、30〜40秒下ゆでします。その後、水気をギュッと絞って使います。

○ずいきと厚揚げの煮もの

うまみを出す厚揚げ&うまみを吸うずいき、この組み合わせがおいしい。ちょっぴり懐かしい素朴な味わいにホッとなごみます。

材料・4人分
干しずいき　40g
　(もどして下ゆでする。
　　P.36参照)
厚揚げ　1枚
だし汁　1½カップ
酒　大さじ2
みりん　大さじ2
しょうゆ　大さじ2〜3

1｜ずいきは食べやすい長さに切り、厚揚げは油抜きをしてひと口大に切る。
2｜鍋にだし汁、酒、みりん、しょうゆを入れて火にかけ、1を加え、味を含ませるように煮る。
3｜煮汁が少し残るくらいまで煮たら、バットなどにあけてさらに味をなじませる。

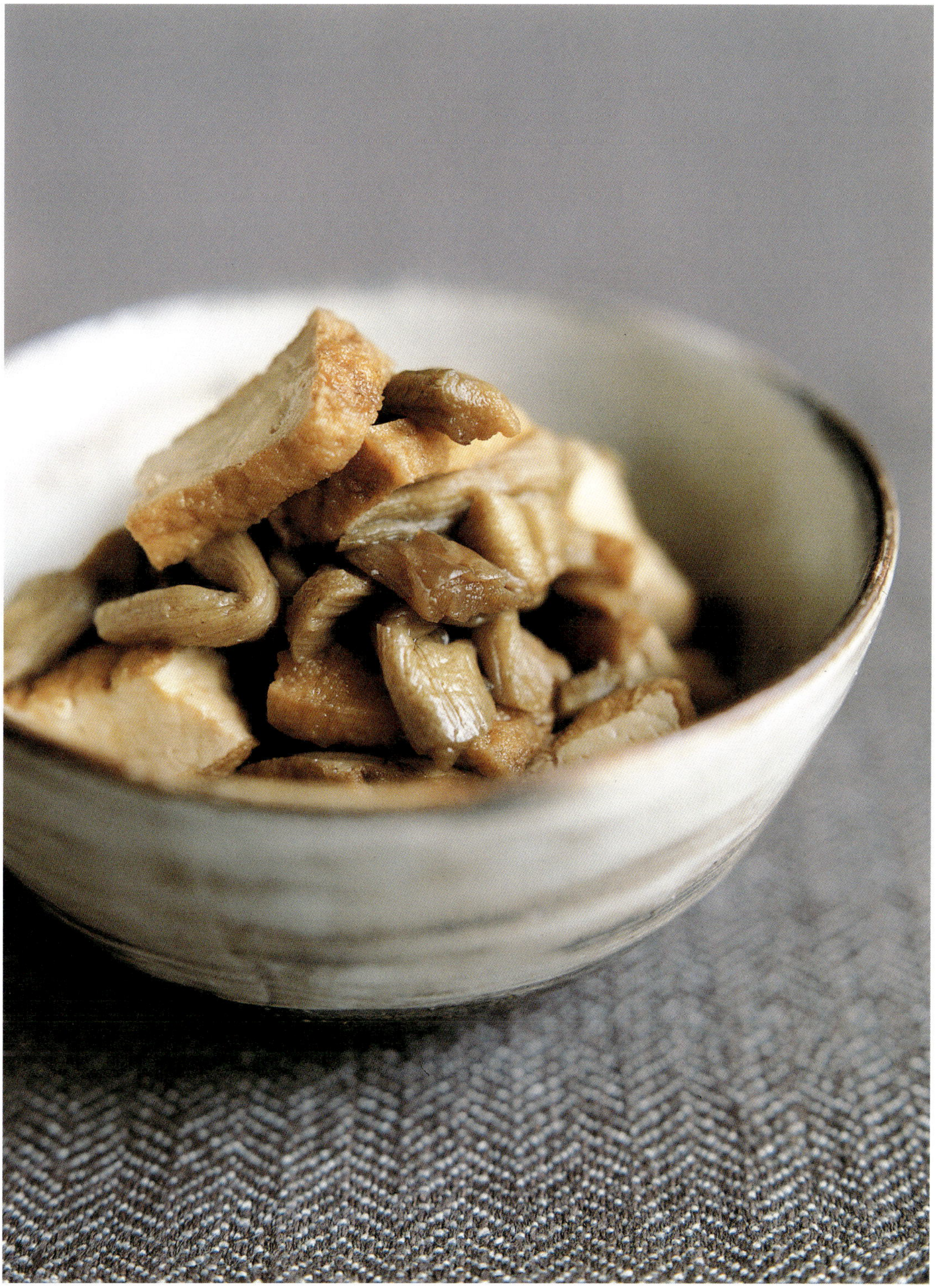

ずいきのみそ汁

ずいきはシャキッとした独特の食感が魅力。そんなおいしさを手軽に楽しめるのがみそ汁。油揚げとずいきは好相性です。

材料・4人分
干しずいき　20g
　（もどして下ゆでする。
　　P.36参照）
油揚げ　1枚
だし汁　3 1/2 カップ
みそ　大さじ2 1/2～3
七味唐辛子　適量

1｜ずいきは食べやすい長さに切る。油揚げは油抜きをし、縦半分に切って細切りにする。
2｜鍋にだし汁を入れて火にかけ、1を加えて煮、みそを溶き入れる。
3｜椀に盛り、七味唐辛子をふる。

材料・4人分
干しずいき　20g
（もどして下ゆでする。
　P.36参照）
だし汁　1/2カップ
酒　大さじ1
みりん　大さじ1
しょうゆ　大さじ1/2
ごま酢
│白すりごま　大さじ4
│和三盆　大さじ1 1/2
│しょうゆ　大さじ1
│酢　大さじ1/2

1｜ずいきは食べやすい長さに切る。
2｜鍋にだし汁、酒、みりん、しょうゆを入れて火にかけ、1を加えて煮て、味を含ませる。
3｜ボウルにごま酢の材料を混ぜ合わせ、汁気をきったずいきを加えてあえる。

○ずいきのごま酢あえ

ごまの風味たっぷりの小鉢。砂糖は和三盆を使って甘さ控えめに仕上げ、酢を加えて味を引き締めます。しっかりと味をからめるのがポイント。

かんぴょう

夕顔の果肉を紐状にむき取って乾燥させたもの。甘めに煮つけておすしなどの具に使うのがポピュラーですが、私は炒めものやあえものにもします。シャッキリとした食感と独特の歯ざわりが手軽に楽しめます。▶もどし方／さっと洗って塩をふり、しんなりするまで手でもみ、きれいに洗います。その後、たっぷりの水に30分ほどつけて少し歯ごたえが残る程度にもどし、水気を絞って使います。

○かんぴょうのにんにくベーコン炒め

ベーコンをカリカリッと炒め、その脂でかんぴょうを炒めるのがポイント。水気が出ないのでお弁当のおかずにもおすすめです。

材料・4人分
かんぴょう　20g
　（もどす。P.40参照）
ベーコン　4～5枚
にんにく　1片
オリーブオイル　適量
塩、こしょう　各適量

1｜かんぴょうは3～4cm長さに切る。ベーコンは1～2cm幅に切り、にんにくは薄切りにする。
2｜中華鍋にオリーブオイルとにんにくを入れて火にかけ、にんにくの香りが立ったらベーコンを加えてカリカリになるまで炒める。
3｜2にかんぴょうを加えて炒め合わせ、塩とこしょうで味を調える。

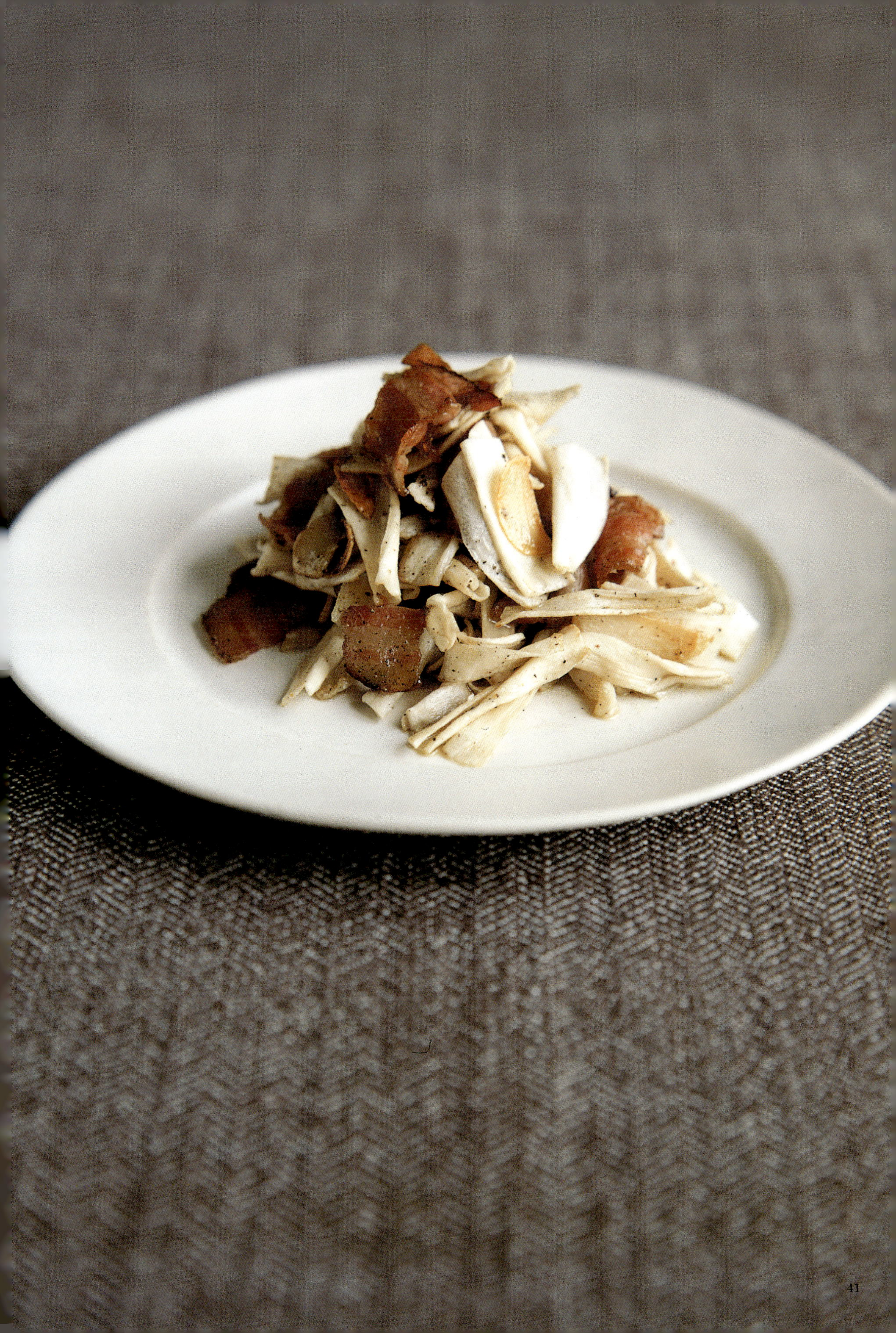

○かんぴょうの甘酢炒め

かんぴょうはしょうがとの相性がよいので、よく組み合わせます。今回紹介するのは、おつまみや副菜になる炒めもの。ごはんのおかずにするなら、ここに豚肉を加えてもいいですね。

材料・4人分
かんぴょう　20g
（もどす。P.40参照）
きゅうり　2本
しょうが　大2片
赤唐辛子　1本
ごま油　適量
砂糖　小さじ2
酢　大さじ1 1/2
塩　適量

1 | かんぴょうは4〜5cm長さに切る。きゅうりは斜め薄切りにして塩少々をふって少しおき、水気を絞る。しょうがは短冊に切り、赤唐辛子は種をとって細切りにする。

2 | 中華鍋にごま油を熱してかんぴょうを炒め、赤唐辛子、きゅうりの順に加えて炒め合わせ、砂糖と酢を加えて味つけする。

3 | しょうがを加えて炒め合わせ、塩で味を調える。

○かんぴょうの含め煮

甘辛しょうゆ味の昔ながらの定番煮もの。このままいただくほか、細かく刻んで混ぜずしの具にも。味をしっかり含ませたいのでコトコト弱火で煮ます。

材料・4人分
かんぴょう　80g
　（もどす。P.40参照）
かんぴょうのもどし汁　2カップ
酒　1カップ
みりん　1/2カップ
しょうゆ　1/3カップ

1｜かんぴょうは適当な長さに切ってゆるく結ぶ。
2｜鍋にかんぴょうのもどし汁、酒、1を入れて火にかけ、落としぶたをして20分ほどコトコトと煮、みりんを加えてさらに10分煮、しょうゆを2回に分けて加えて30分ほど静かに煮る。
3｜火を止め、冷めるまでこのままおいて味を含ませる。

きくらげ

くらげに似た歯ざわりからこの名がついたようですが、食用きのこの一種。味や香りより、プリプリ、コリコリとした歯ごたえを楽しむ素材です。一般的な黒色のきくらげのほか、裏面が灰白色で大きめサイズの"裏白"を私はよく使います。▶もどし方／たっぷりの水につけてもどし、さっと熱湯に通し（裏白は1分ほどゆでる）、冷水にとり、その後、かたい石づきを取り除いて使います。

○きくらげとキャベツのマスタードあえ

淡泊な味のきくらげは、オリーブオイル、しょうゆ、マスタードであえることによってコクと深みある味わいになり、飽きずにおいしくいただけます。

材料・4人分
きくらげ　40g
　（もどす。P.44参照）
キャベツ　4枚
オリーブオイル　大さじ1強
しょうゆ　大さじ2
マスタード　大さじ1

1 | きくらげは食べやすい大きさに切る。キャベツはさっとゆでて食べやすい大きさに切り、水気を絞る。
2 | ボウルにオリーブオイル、しょうゆ、マスタードを合わせ、きくらげを入れて混ぜ合わせ、味がなじんだらキャベツを加えてあえる。

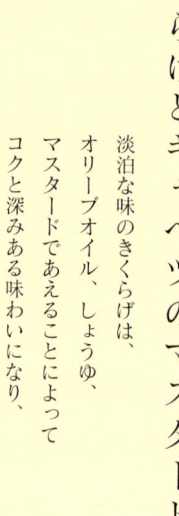

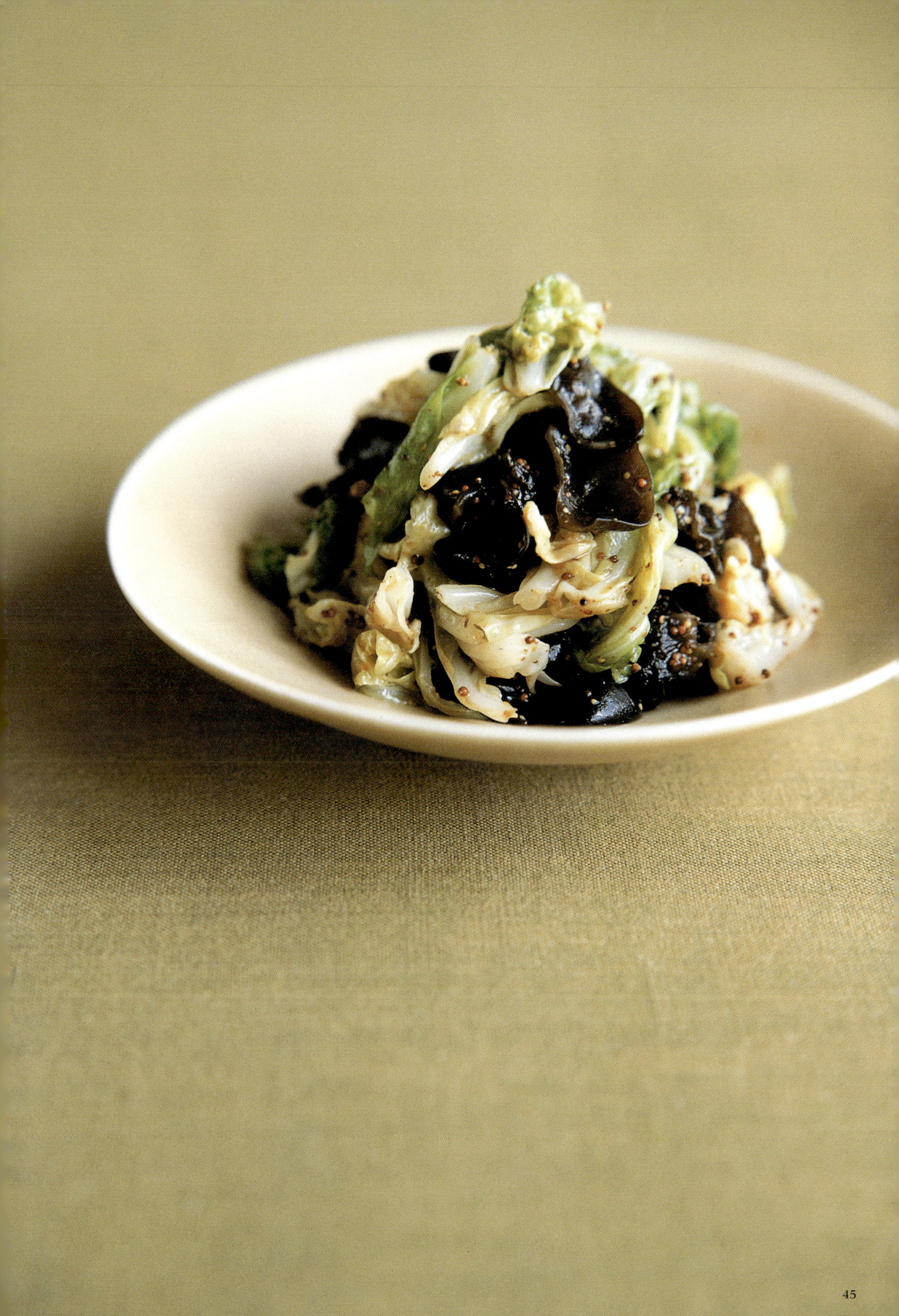

材料・4人分
きくらげ　40g（もどす。P.44参照）
ごま油　大さじ1½
しょうゆ　大さじ2
こしょう　少々

1｜きくらげはせん切りにする。
2｜ボウルに1を入れ、ごま油としょうゆを加えてあえ、こしょうで味を調える。

base ○ きくらげのごま油じょうゆあえ

ここで使ったのは裏白きくらげ。身が厚いので食べごたえがあり、ごま油じょうゆであえるだけで立派なおかずになります。さらにこれを使い回せば、いつものサラダやごはんが中華風の味わいに。

baseを使って

○ 中華風サラダ

ねぎの香りときゅうりの
シャキシャキ感をプラス。
きくらげには
しっかり味がからまっているので、
味つけはいりません。

材料・4人分
きくらげのごま油じょうゆあえ
（P.46参照） 適量
白髪ねぎ 適量
きゅうりの細切り 適量
ラー油（好みで） 少々

1 | きくらげのごま油じょうゆあえ、白髪ねぎ、きゅうりの細切りを混ぜ合わせる。
2 | 器に盛り、好みでラー油をふる。

baseを使って

○ 中華風冷奴

豆腐との相性もぴったり。
豆板醤とかぼすで
インパクトのある味に
仕上げます。
全体に混ぜて食べても美味。

材料・4人分
きくらげのごま油じょうゆあえ
（P.46参照） 適量
木綿豆腐 1丁
ねぎのみじん切り 適量
豆板醤 少々
かぼす 適量

1 | 豆腐は30～40分水きりをして食べやすい大きさに切り、器に盛る。
2 | きくらげのごま油じょうゆあえをのせ、ねぎをふって豆板醤を添え、かぼすを絞りかける。

baseを使って

○ きくらげのあえ麺

ひとりごはんのときや、宴の最後の締めに。中華麺は、きくらげとのバランスを考えて細めの乾麺がおすすめ。私は卵麺を使っています。

材料・4人分
きくらげのごま油じょうゆあえ
　（P.46参照）　適量
ねぎ　1/2本
しょうが　1片
香菜　適量
中華乾麺　4玉
塩、こしょう　各少々
ごま油　少々

1 | ねぎは4〜5cm長さのせん切りにし、しょうがもせん切りにする。香菜は葉と軸に分け、軸は小口切りにする。
2 | 中華乾麺をゆで、ザルにあげ、塩、こしょう、ごま油をまぶす。
3 | ボウルに2を入れ、きくらげのごま油じょうゆあえ、ねぎ、しょうが、香菜の軸を加えてあえ、器に盛って香菜の葉をのせる。

きくらげのお粥

baseを使って

お米の香りが鼻をくすぐるアツアツのお粥にトッピング。体にやさしい味わいだから、朝の活動前のウォーミングアップに。

材料・4人分
きくらげのごま油じょうゆあえ
　（P.46参照）　適量
米　1カップ
あさつきの小口切り　適量
セルフィーユ　少々
豆板醤などの辛いジャン　適量

1 ｜ 米は洗い、水8カップとともに鍋に入れて強火にかけ、沸騰してきたら弱火にし、40〜50分煮る。
2 ｜ 器に盛り、きくらげのごま油じょうゆあえをのせ、あさつきを散らしてセルフィーユを飾る。豆板醤などの辛いジャンを添える。

干し野菜っておいしい！

カラッと晴れた天気のいい日、庭の片隅に野菜を干します。にんじん、しいたけ、大根、セロリ、きゅうり、なす、ズッキーニ、ピーマン、キャベツ、れんこん、ごぼう……。いわゆる冷蔵庫に残っている野菜をいろいろ。パサパサになるほど干すのではなく、半干しです。中にまだ水分が残っていて手で触るとしなっとするくらい。干す時間はお天気や野菜によってまちまちですが、午前中から夕方前まで。1日でよい状態になることもあるし、2～3日かかる場合も。さてこの干し野菜、とにかく美味。干すことよってうまみがギュッと凝縮されて甘みも増し、味も濃厚。生の野菜とはまた違った料理のアイディアが浮かびます。

輪切りにしたにんじんで
○にんじんのオーブン焼き

干しにんじんをフライパンに入れ、オリーブオイルを回しかけ、塩をふり、セージやローズマリーなどのハーブをのせて少しおきます。これを210度のオーブンに入れてこんがりとするまで15分ほど焼きます。にんじんの甘さが際立って、1〜2本分ペロッと食べてしまいます。

丸ごと干ししいたけで
○しいたけペーストのブルスケッタ

半干ししいたけを、フードプロセッサーに入れ、細かく刻んだにんにくを加えて撹拌します。これをオリーブオイルを熱したフライパンで炒め、トマトペーストと赤唐辛子のみじん切りを加えて味を調えます。こんがりと焼いたバゲットの上にのせてできあがり。パスタとあえてもおいしい。

身欠きにしん

にしんを三枚におろし、乾燥させたもの。生のにしんとは違う乾物独特のコクとうまみがあります。にしんの旬である春に作られたものが美味。▶もどし方／さっと洗って汚れを落とし、米のとぎ汁に半日以上浸してアク抜きすると同時に適当なやわらかさにもどし、使う前に熱湯に1分ほど入れて脂を落とします。頭と尾をキッチンバサミなどで取り除いてから、食べやすい長さに切ります。

○にしんの山椒漬け

これは会津の郷土料理で、父の大好物だったもの。この料理を作るための"にしん鉢"が今も我が家にあります。新身欠きにしんと木の芽がある4〜5月が作りどき。しょうゆをひとたらしして木の芽もいっしょにいただきます。

材料・作りやすい分量
身欠きにしん　5本
　（もどす。P.52参照）
木の芽　3つかみくらい
酒　適量

1｜身欠きにしんは食べやすい長さに切る。

2｜にしん鉢（または深めの容器）に木の芽を敷き、身欠きにしんとたっぷりの木の芽を段々に重ねていき、酒をかぶるくらいまで注ぎ、重しをする。

3｜1〜2週間おき、身欠きにしんがやわらかくおいしく漬かったら食べ頃。

53

干だら

真だらをおろしてから塩干しにしたもの。日本ではかつてから煮つけや炊き合わせなどにしてきましたが、スペインやポルトガルなどではグラタンやコロッケ、煮込みなどに使います。生のたらとはまったく違った食感とうまみがあります。▶もどし方／たっぷりの水に一晩浸し、塩味をほどよく抜くと同時にやわらかくもどし、適当な大きさに切ったりほぐたりして使います。あぶって酒の肴にしても。

○干だらとポテトのグラタン

干だらとじゃが芋、生クリームの相性は抜群。オーブンで表面をカリッと香ばしく焼いて、アツアツをいただきます。この素朴さが好き。

材料・4人分
干だら　1枚
　（もどす。P.54参照）
じゃが芋　4個
おろしにんにく　少々
バター、塩、こしょう　各少々
生クリーム　1/4カップ
オリーブオイル　適量

1｜干だらは細かくほぐす。じゃが芋はゆでて皮をむき、フォークで粗くつぶし、熱いうちにバターとこしょうを混ぜる。

2｜干だら、じゃが芋、おろしにんにくを合わせ、生クリームを混ぜ、塩とこしょうで味を調える。

3｜グラタン皿にオリーブオイルをひき、2を移し入れて平らにし、200度のオーブンで20～25分焼く。

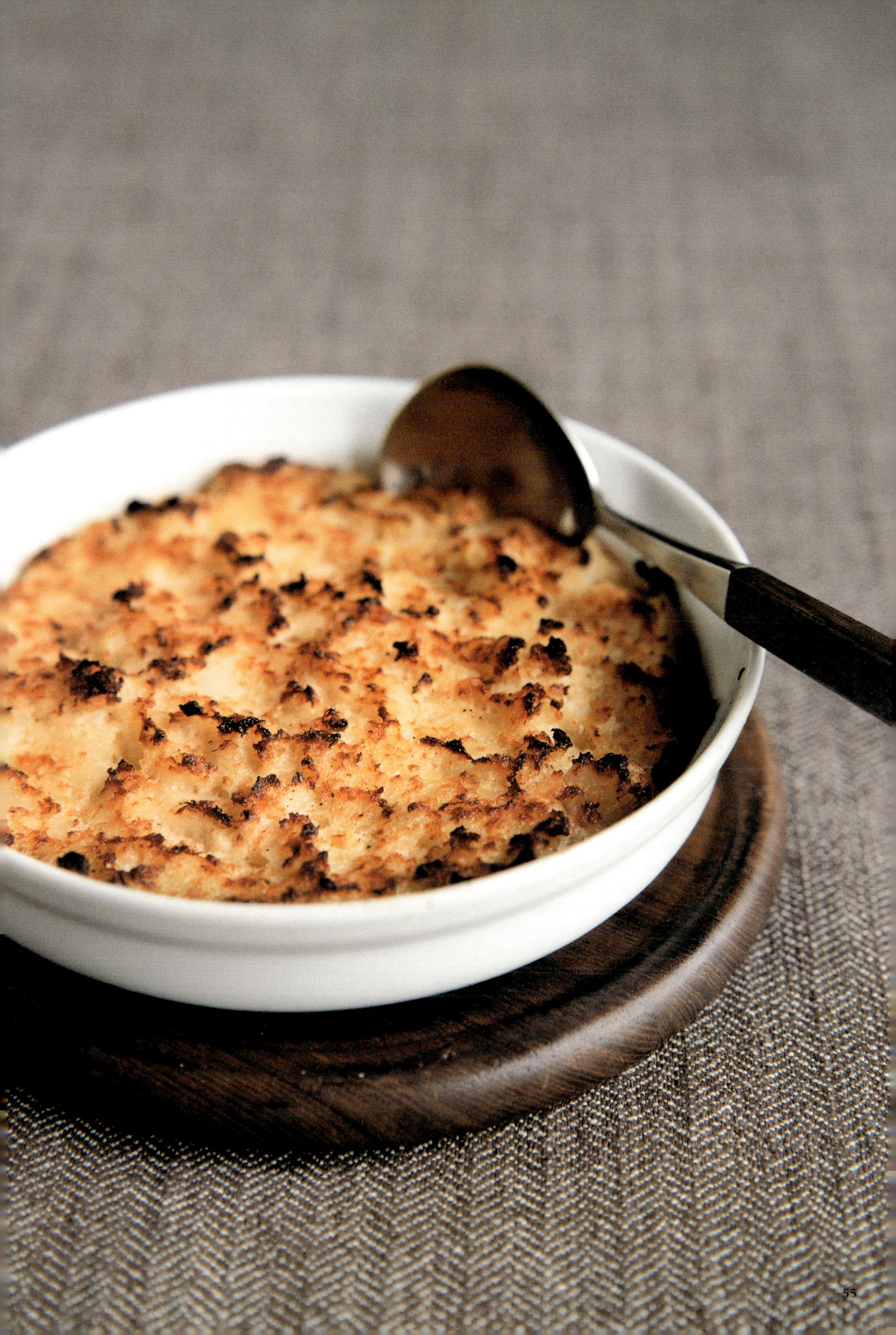

○干だらと豆のトマト煮

干だらといんげん豆、両方のうまみがじんわり溶け合った、まろやか味。コトコトと煮込む時間がおいしさを作ります。

材料・4人分
干だら　1枚（もどす。P.54参照）
干だらのもどし汁　1カップ
いんげん豆（もどしてゆでたもの）
　　2カップ
にんにくのみじん切り　1個分
玉ねぎのみじん切り　1/2個分
オリーブオイル　適量
トマトジュース　1カップ
赤唐辛子(種をとったもの)　1本
ローリエ　1枚
塩、こしょう　各少々

1｜干だらは細かくほぐす。
2｜鍋にオリーブオイル、にんにく、玉ねぎを入れて炒め、香りが立ったら干だらを加えてさらに炒め、干だらのもどし汁とトマトジュースを加えて煮る。
3｜干だらがやわらかくなったらいんげん豆を入れ、赤唐辛子、ローリエ、塩、こしょうを加えて汁気が少なくなるまでコトコトと煮込む。

干だらの酒びたし

酒に浸しても、あぶった香ばしさはそのまま。さらに酒によって干だらのうまみが引き出されて、冷酒のおともにぴったりです。

材料・4人分
干だら　1枚（もどす。P.54参照）
酒　適量

1 | 干だらは適当な大きさに切って網で焼き、熱いうちに手でむしる。
2 | ボウルに入れ、酒をひたひたより少なめに注ぎ、そのままおく。味がなじんで干だらがやわらかくなってきたらできあがり。

干し貝柱

帆立貝の貝柱をゆでてから乾燥させたもの。ゆでて干すことでうまみ成分が倍増し、濃厚なよい味になります。中華風のスープには欠かせないアイテム。▶もどし方／ひたひたより多めの水に一晩浸してやわらかくもどし、手でほぐして使います。うまみたっぷりのもどし汁も料理に使うことが多いので、捨てずにとっておきます。

○我が家のシュウマイ

豚ひき肉、干し貝柱、春雨で作るのが私流、ずっと前から作り続けている定番レシピです。かためにもどした春雨が、蒸している間に豚肉と貝柱のうまみを吸い込んで、味わい深いものにしてくれます。

材料・4人分
干し貝柱　6個
　（もどす。P.58参照）
豚ひき肉　200g
緑豆春雨　50g
ねぎ　1/2本
しょうが　1片
片栗粉　少々
塩、こしょう　各少々
シュウマイの皮　1袋
白菜またはキャベツ　適量
辛子酢じょうゆ　適量

1 | 貝柱は細かくほぐす。春雨は水に浸してかためにもどし、2cm長さに切る。ねぎとしょうがはみじん切りにする。
2 | ボウルに1、豚ひき肉、片栗粉、塩、こしょうを入れ、粘りが出るまでよく混ぜ合わせる。
3 | シュウマイの皮に2を適量のせ、ヘラなどで押さえつけながら少し縦長の筒形になるように包んで形を整える。
4 | 蒸し器に白菜またはキャベツを敷き、3を並べ、蒸気の立った状態で約20分蒸す。蒸し上がったらすぐに扇風機などで冷ます。
5 | 辛子酢じょうゆをつけていただく。

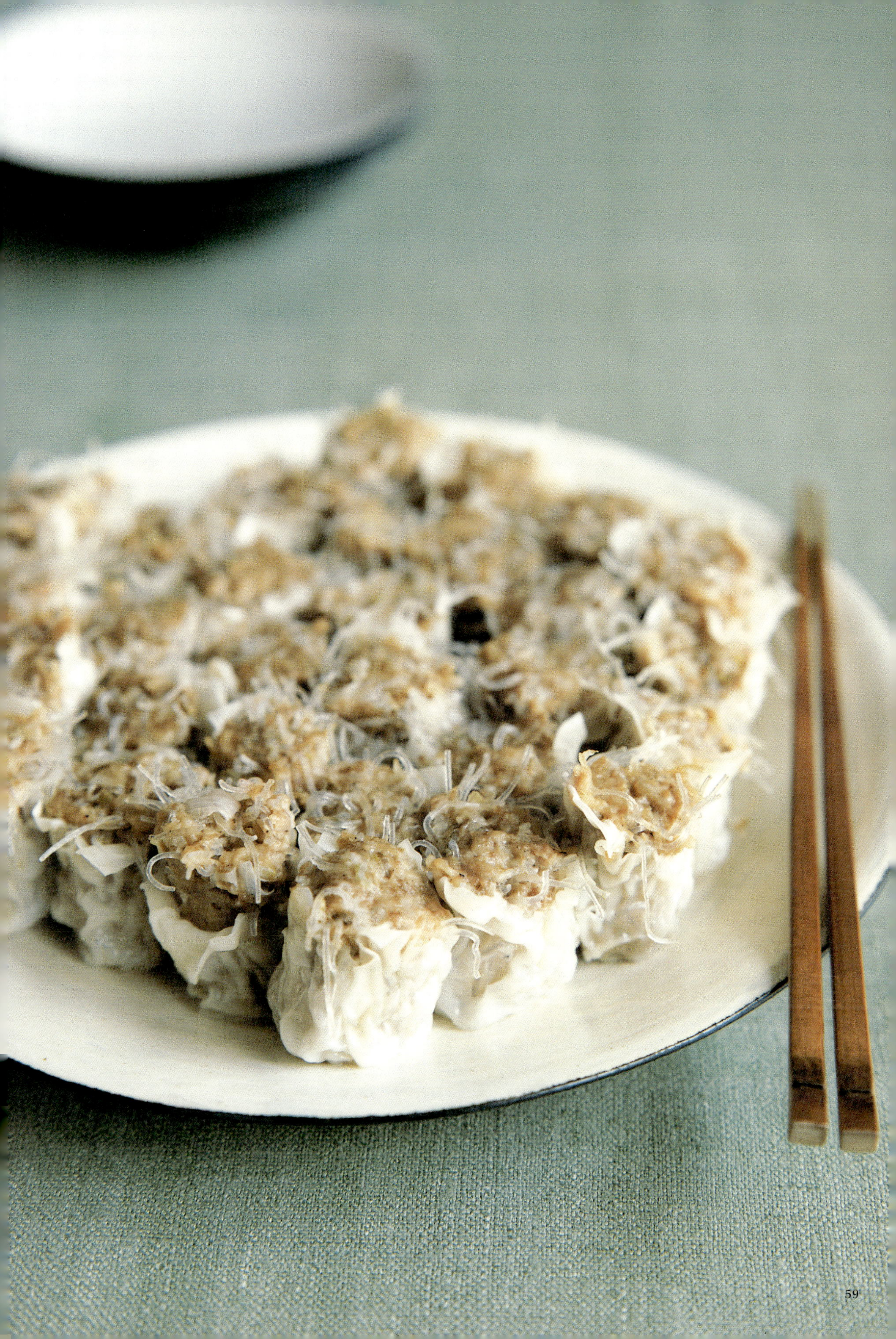

○貝柱ととうがんのスープ

干し貝柱と干ししいたけでとったスープはそれだけでおいしい。だから、具には味も香りも淡泊なとうがんを用い、スープのおいしさを存分に味わいます。大根やかぶを使ってもいいですね。

材料・4人分
干し貝柱　4個（もどす。P.58参照）
干し貝柱のもどし汁　適量
干ししいたけ（もどしたもの。P.28参照）　1枚
とうがん　300〜400g
塩、こしょう　各少々
水溶き片栗粉　適量
しょうがのせん切り　適量

1｜貝柱は適当な大きさにほぐす。しいたけは薄切りにする。とうがんはワタと種の部分を取り除いてひと口大に切り、ごく薄く皮をむく。

2｜鍋に水3カップ、貝柱、干し貝柱のもどし汁、しいたけを入れて火にかけ、煮立ったらとうがんを加えてやわらかくなるまで煮る。

3｜塩で味つけし、水溶き片栗粉でゆるいとろみをつけ、しょうがのせん切りを加えてこしょうで味を調える。

材料・4人分
干し貝柱　6個（もどす。P.58参照）
干し貝柱のもどし汁　360cc
米　2合
酒　大さじ2
塩　少々

1 | 貝柱はほぐす。米は洗ってザルに上げておく。
2 | 炊飯器に米を入れ、干し貝柱のもどし汁を注ぎ、酒と塩を加えてざっと混ぜる。
3 | 2に貝柱をのせ、普通に炊く。炊き上がったらさっくりと混ぜる。

○貝柱ごはん

干し貝柱のもどし汁を入れて炊き込んだ、うまみたっぷりのごはん。余分なものは入れない、貝柱のみの味わいと食感を楽しみます。

干しえび

えび類をゆでて素干しにしたもの。干し貝柱と同様にもどし汁の利用価値が高く、うまみたっぷりでパンチのある味が魅力。ここでは国産のおいしい干しえびを使っています。かたすぎなければもどさなくても使えます。▶もどし方／水でさっと洗って熱湯にくぐらせ、ひたひたの水に浸してやわらかくもどします。その後、水気をよくきって刻んだりして使います。

○大根の干しえび炒め

塩もみした大根を炒めると切り干し大根のような食感と味わい。干しえびと白ごまでうまみと香りたっぷりに仕上げました。大根は水気をしっかり絞ってから炒めるのがポイント。

材料・4人分
干しえび　30g
　（もどす。P.62参照）
大根　1/2本
塩　少々
サラダ油　適量
大根の葉のみじん切り　適量
白炒りごま　適量

1｜干しえびは細かく刻む。
2｜大根はせん切りにして塩をふって手でもみ、水気が出たらギュッと絞る。
3｜中華鍋にサラダ油を熱して干しえびを炒め、香りが立ったら大根を加えて炒め合わせる。
4｜大根の葉、白炒りごまを加えて全体に混ぜる。

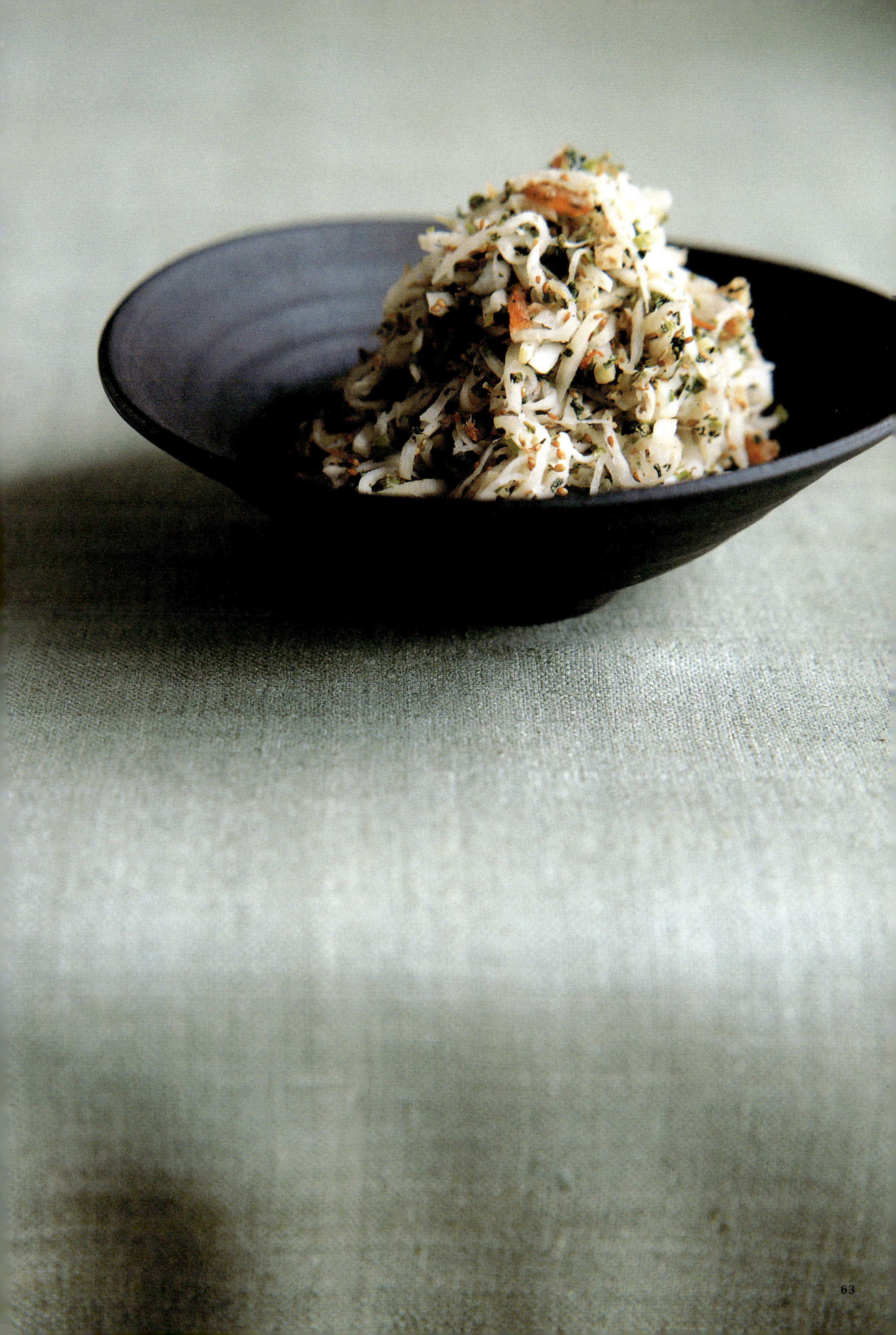

○じゃが芋の干しえびがらめ

ホクホクのじゃが芋に香ばしい干しえびがからまって、クセになるおいしさ。ワインやビールのおつまみにも、ごはんのおかずにも。

材料・4人分
干しえび　30g
　（もどす。P.62参照）
じゃが芋　小12個
にんにく　1片
赤唐辛子　1本
サラダ油　適量
塩　少々

1｜干しえびは細かく刻む。じゃが芋はゆでて皮をむく。にんにくと赤唐辛子はみじん切りにする。
2｜中華鍋にサラダ油を熱してにんにくを炒め、香りが立ったら干しえびを加えて炒め、赤唐辛子を加えてさらに炒める。
3｜じゃが芋を加え、大きければヘラで半分に割りながら味をからめる。塩で味を調える。

65

揚げ野菜の干しえびソース

干しえびと香味野菜で作ったソースをたっぷりかければ、野菜がいくらでも食べられそう。なすやいんげんのほか、ズッキーニやピーマン、かぼちゃなどで作ってもいいですね。

材料・4人分
干しえびソース
　干しえび　10g
　　（もどす。P.62参照）
　ごま油　少々
　しょうがのみじん切り　1片分
　ねぎのみじん切り　大さじ2
　にんにくのみじん切り　1片分
　しょうゆ　大さじ2
　豆板醤　大さじ1/2
　酢　大さじ1
なす　4本
いんげん　10本
揚げ油　適量

1 | 干しえびソースを作る。干しえびは2〜3等分に切り、ごま油で香りが出るまでよく炒める。ボウルに移し、そのほかの材料を加えて混ぜ合わせる。

2 | なすはヘタをとって縦4つ割りにし、揚げ油で色よく揚げる。続いていんげんも揚げる。

3 | 器に2を盛り、干しえびソースをかける。

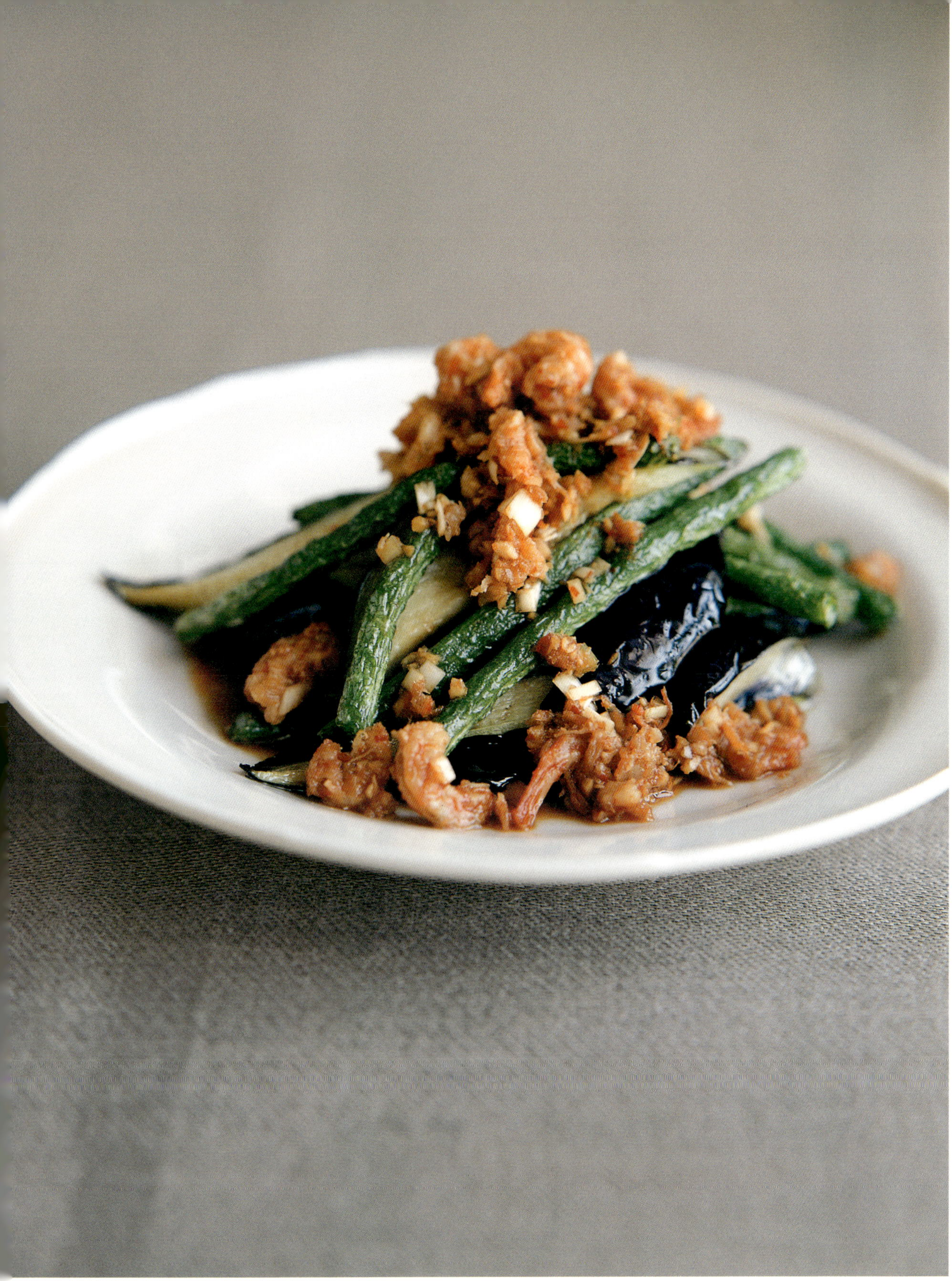

○干しえびとねぎのチャーハン

パラリと仕上がった
シンプルなチャーハンが好き。
ごはんを中華鍋に焼きつけるようにして炒め、
最後にねぎをたっぷり加えるのが
おいしさの秘訣です。

材料・4人分
干しえび　30g
　（もどす。P.62参照）
にんにく　1片
ねぎ　1本
サラダ油　適量
ごはん（温かいもの）　茶碗4杯分
塩、こしょう　各少々

1 | 干しえびはザクザクッと切る。にんにくとねぎはみじん切りにする。
2 | 中華鍋にサラダ油を熱してにんにくを炒め、香りが立ったら干しえびを加えて炒めて香りを出す。
3 | ごはんを加えて焼きつけるような感じでよく炒め、パラリとなったら塩とこしょうで味を調え、ねぎを加えて混ぜ合わせる。

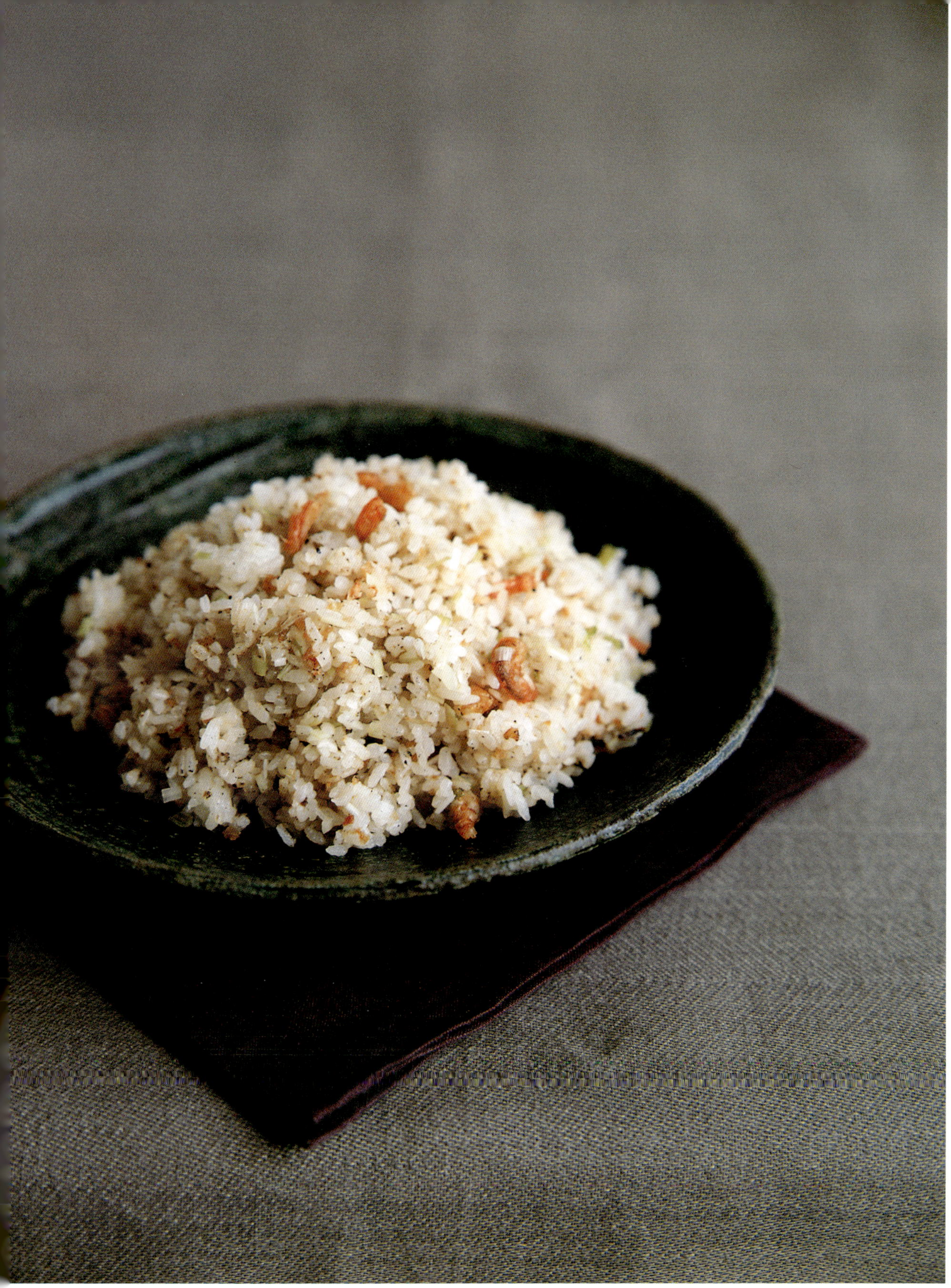

あぶるだけで おいしい乾物たち

酒の肴に最高と言われる"珍味"は、考えてみたら乾物ばかり。乾燥させることによって食べやすくなるばかりでなく、うまみがギュッと凝縮され、噛めば噛むほど味わい深いものになるからでしょう。もちろん私もこの手のものは大好き。地方などに行っておいしそうなものを見つけると、つい買ってしまいます。そして、お客さまがいらしたときの「まずは一杯」や、ゆっくりと語らいながらの「つくろぎの酒宴」にさっとあぶってお出しします。

このこ
なまこの卵巣を紐や竿などにかけて乾燥させたもので、独特の磯の風味。三味線のバチに形が似ていることから"ばちこ"とも呼ばれます。

たたみいわし
片口いわしの稚魚を型枠やすのこに並べて干し、網状の薄い板状にしたもの。ごく軽くあぶるとパリッと香ばしく、クセのない味わい。

うるめ
うるめいわしを干したもの。いわしの中では最も脂肪分が少なく、干しても油焼けしないので、あぶっただけでおいしく食べられます。

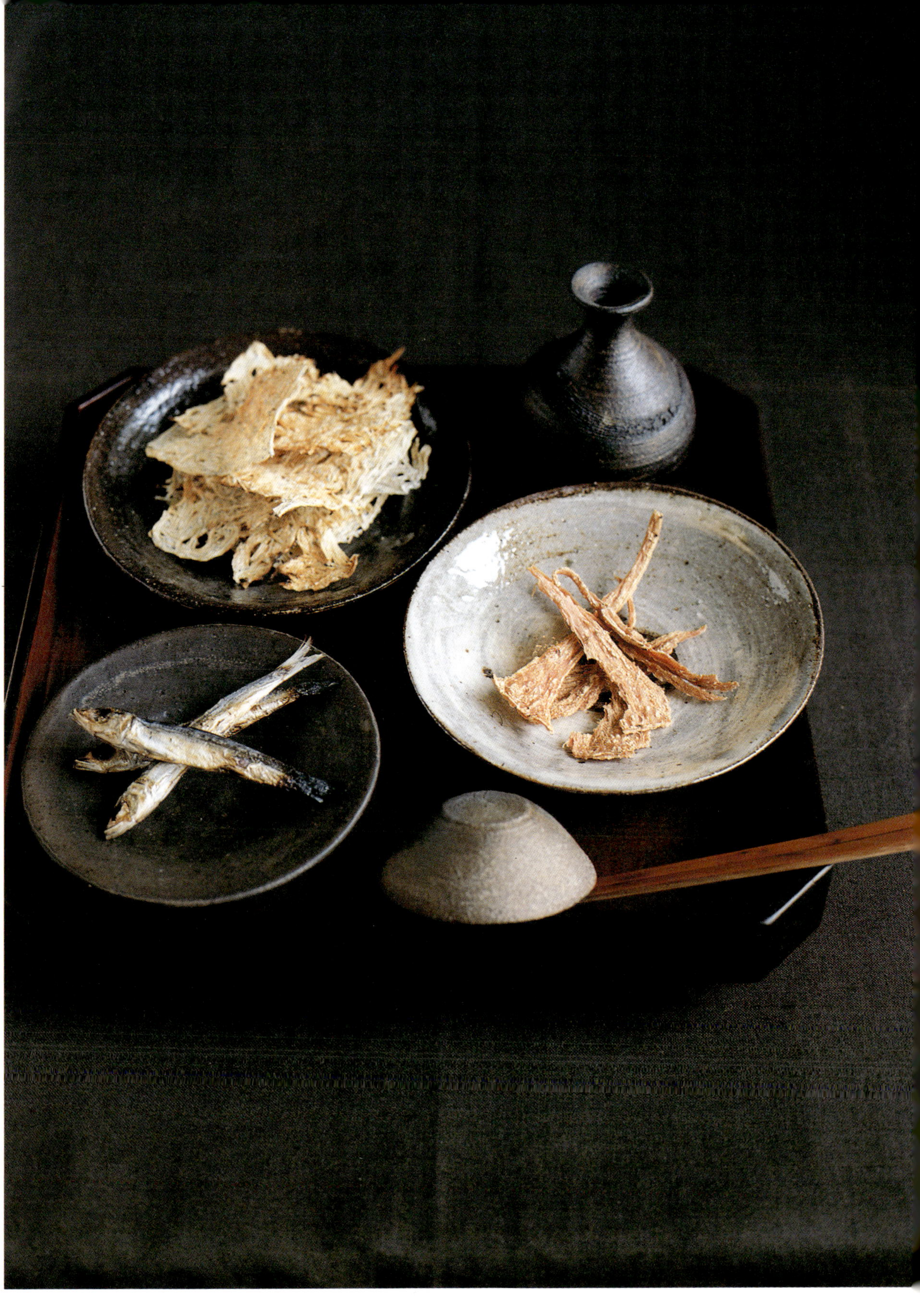

春雨

緑豆、さつま芋、じゃが芋などの澱粉を水で練って熱湯の中で細い糸状にかため、凍結させたあと乾燥させたもの。細く長い形が春の雨を連想させるところから、この名がつけられたそう。私がいつも使っているのは緑豆春雨。コシが強く、煮くずれしにくく、味つきがよいのが特徴です。▶もどし方／たっぷりの水に浸し、芯まで透明になったら取り出し、水気をきって食べやすい長さに切って使います。汁を吸わせる煮ものや炒めものはこの方法。そのままサラダやあえもの、鍋ものにする場合は湯でやわらかくもどします。

○ベトナム風かに春雨

春雨の食感を楽しみたいので、かためにもどすのがポイント。汁を吸わせながらよ〜く炒めている間に、ちょうどよいかたさになります。

材料・4人分
緑豆春雨　100g
　（もどす。P.72参照）
かにの足（ゆでたもの）
　正味200g
にんにく　1片
しょうが　1片
サラダ油　大さじ2
ナムプラー　大さじ3
こしょう　適量
香菜　適量

1 | 春雨は水気をよくきって適当な長さに切る。かには軟骨をとってほぐす。にんにくとしょうがはみじん切りにする。
2 | 中華鍋を熱してサラダ油をなじませ、しょうがとにんにくを入れて炒め、香りが立ったらかにを加えてさらに炒める。
3 | 水1カップ、ナムプラー大さじ2、こしょうを加え、煮立ったら春雨を入れ、汁を吸わせながらよく炒める。
4 | 残りのナムプラーとこしょうで味を調え、汁気がなくなってフライパンに張りつくくらいになるまで、さらによく炒める。香菜を添える。

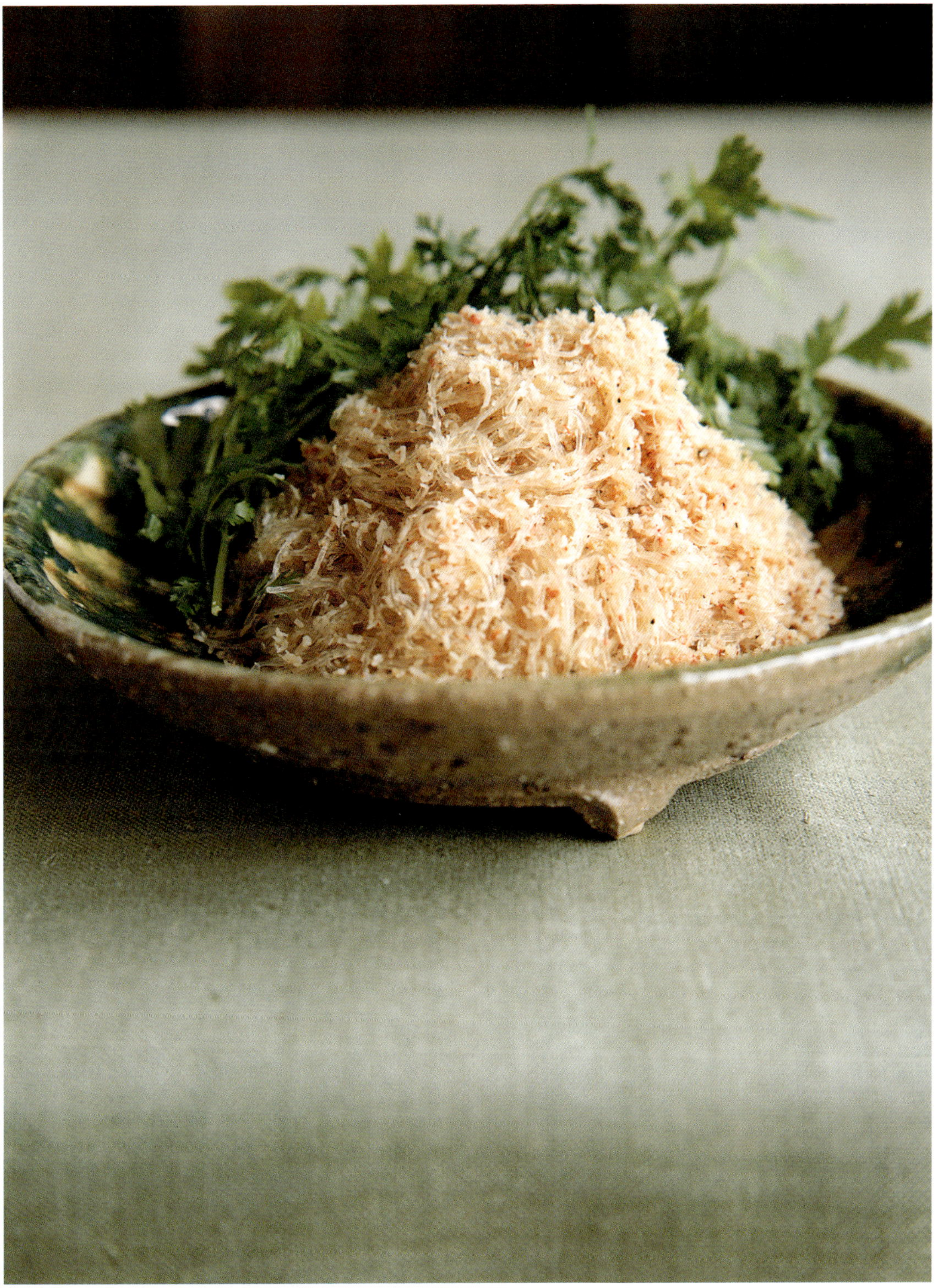

○春雨とひき肉の辛味炒め

豆板醤としょうゆで味つけした、ごはんがすすむ中華風おかず。ひき肉は焦げるくらいまでしっかりと炒めるのがポイントです。

材料・4人分
緑豆春雨　100g
　（もどす。P.72参照）
にんにく　大1片
しょうが　大1片
サラダ油　適量
豚ひき肉　100g
豆板醤　大さじ1
しょうゆ　大さじ1
ねぎのみじん切り　適量

1 | 春雨は水気をよくきって適当な長さに切る。にんにくとしょうがはみじん切りにする。
2 | 中華鍋を熱してサラダ油をなじませ、しょうがとにんにくを入れて炒め、香りが立ったら豚ひき肉を加えて焦げるくらいまで炒める。
3 | 豆板醤、しょうゆ、水2/3カップを入れ、煮立ったら春雨を加え、汁を吸わせながらよく炒める。
4 | 仕上げにねぎをたっぷりと混ぜる。

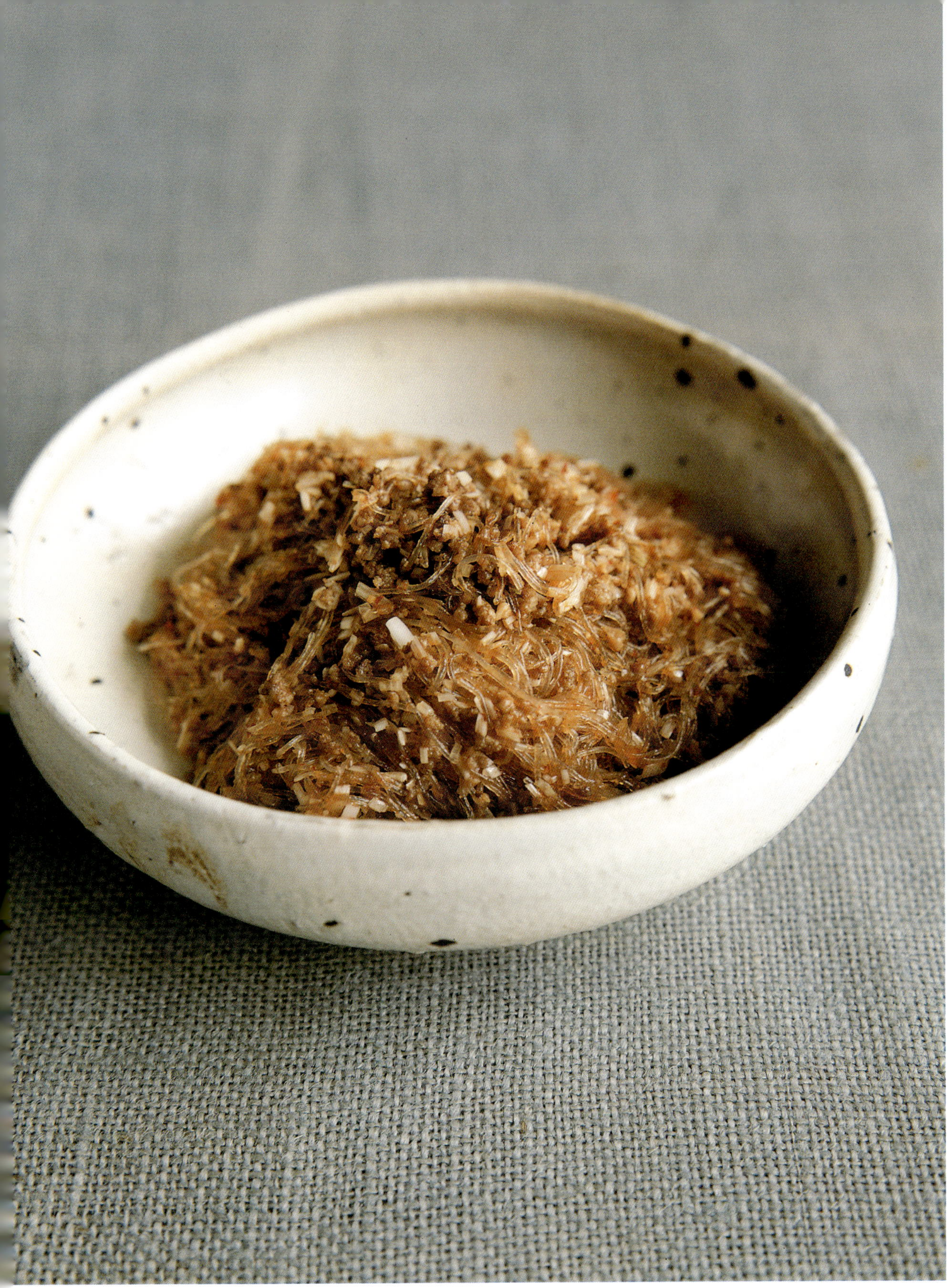

◯ゴーヤに詰めた煮もの

春雨、ひき肉、かにをゴーヤに詰めてナムプラーで煮た、エスニックな一品。ゴーヤの緑色が少しくすんでくるまでコトコトと煮るのがおいしい。

材料・4人分
ひき肉ダネ
 緑豆春雨　40g
  （もどす。P.72参照）
 豚ひき肉　60g
 かにの足（ゆでたもの）正味80g
 ねぎのみじん切り　少々
 しょうがのみじん切り　1片分
 塩　少々
ゴーヤ　長いもの1本
片栗粉　適量
ナムプラー、こしょう　各適量
香菜　適量

1｜ひき肉ダネを作る。春雨は水気をきって適当な長さに切り、かにの足は細かくほぐし、そのほかの材料を加えてよく混ぜ合わせる。
2｜ゴーヤは縦半分に切って種とワタを取り除き、3〜4等分の長さに切る。片栗粉をふり、ひき肉ダネを詰め、上からも片栗粉をふる。
3｜鍋に2が浸るくらいの水を入れ、ナムプラーとこしょうを加えて吸いものより濃いめの味に調え、2を重ならないように並べ入れ、弱火でコトコトと煮る。
4｜ゴーヤがやわらかくなり、緑色が少しくすんできたら火を止める。
5｜器に盛り、香菜を飾る。

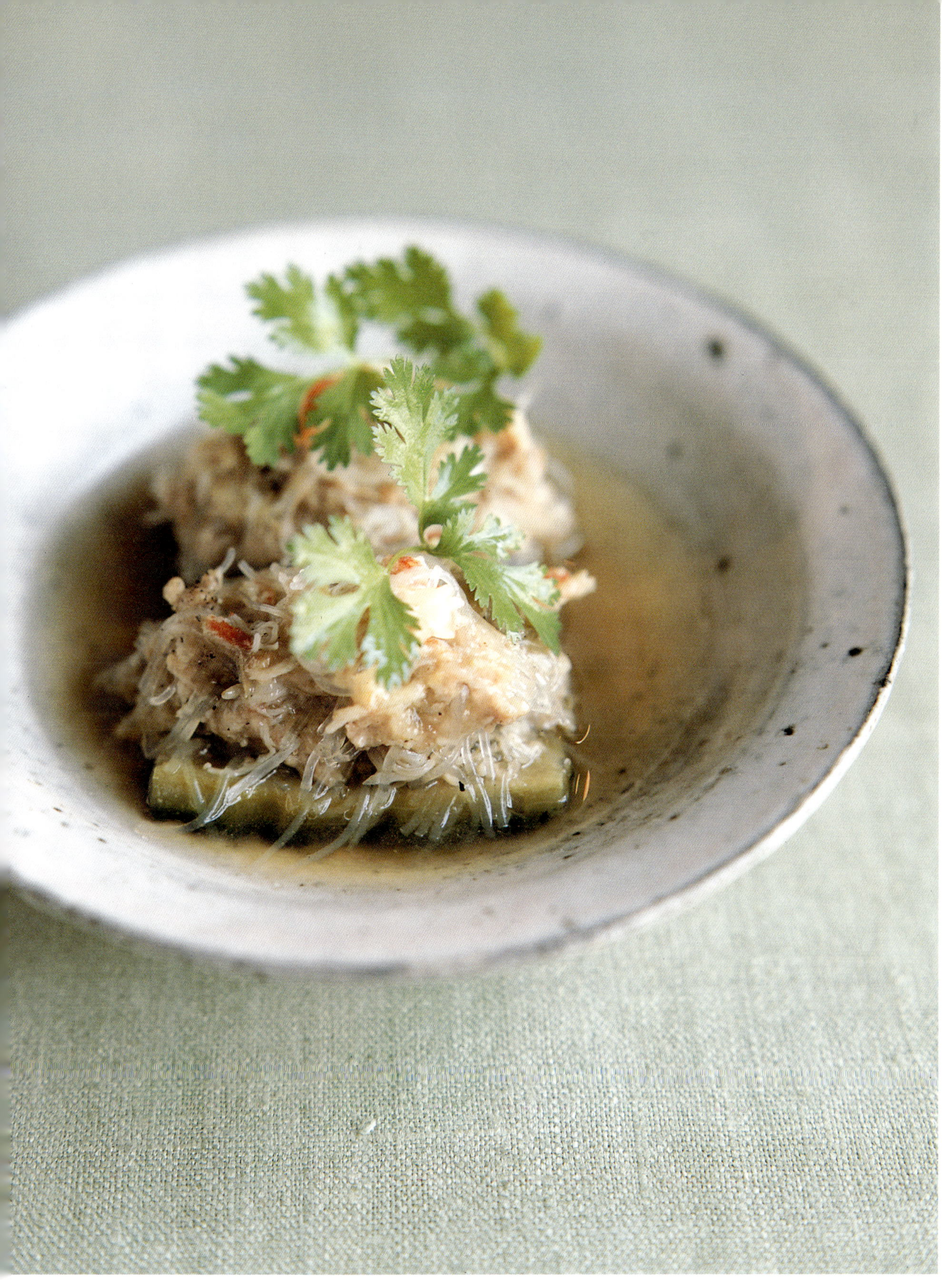

材料・4人分
緑豆春雨　60g
（もどす。P.72参照）
白菜(中心部分)　1/2個分
鶏ガラスープ　適量
塩、こしょう、酒　各少々

1 | 春雨は水気をきって適当な長さに切る。白菜は食べやすい長さの太めのせん切りにし、かたい芯の部分は小さめに切る。
2 | 鍋に白菜を入れて鶏ガラスープをかぶるくらい注ぎ、白菜がやわらかくなるまで煮る。
3 | 2に春雨を加えてさらに煮、塩、こしょう、酒で味を調える。

○ 白菜と春雨のスープ

白菜の甘みと春雨のツルツル食感を味わう、ごくごくシンプルなスープ。調味料は塩とこしょうだけ、味つけも最小限に抑えます。

○豆腐と春雨の小鍋仕立て

昆布だしでアツアツに温めた豆腐と春雨を、薬味じょうゆにからめていただきます。湯豆腐の感覚です。

材料・4人分
緑豆春雨　100g
　（もどす。P.72参照）
木綿豆腐　2丁
昆布　適量
薬味じょうゆ
　しょうゆ　大さじ3
　ねぎのみじん切り　1/2本分
　しょうがのみじん切り　1片分
　削り節　適量
　七味唐辛子　適量

1｜鍋に水適量と昆布を入れ、しばらくおいておく。
2｜春雨は水気をきって適当な長さに切る。豆腐は食べやすい大きさに切る。
3｜薬味じょうゆの材料は混ぜておく。
4｜1の鍋を火にかけ、豆腐を入れて温め、春雨を加えてさらに温め、薬味じょうゆをからめて食べる。

○いろいろ乾物のしょうゆ炒め

A：材料は、干ししいたけ、切り干し大根、ひじき、かんぴょう、こんにゃく、ごぼう、れんこん。乾物はそれぞれもどして食べやすい大きさに切り、こんにゃくは細切りにして下ゆでします。ごぼうはせん切りにして水にさらし、れんこんは薄いいちょう切りにして酢水にさらし、それぞれ水気をきります。

B：フライパンまたは中華鍋にごま油を熱し、干ししいたけ、こんにゃく、かんぴょう、ごぼう、ひじき、切り干し大根、れんこんの順に次々と入れていき、炒め合わせます。

C：みりんをふり、しょうゆを加えて炒め合わせます。仕上げに白炒りごまを混ぜればできあがり。赤唐辛子の小口切りやしょうがのせん切り、大根葉の小口切りを加えても。深い鍋で作ると煮えすぎてやわらかくなってしまうので、フライパンか中華鍋で。

ちょっとずつ残った乾物で

　乾物は料理に応じて必要な分だけもどします。だから、少しずつ残ってしまいがち。そんなときはしょうゆ炒めを作ります。使う乾物はいろいろ。ひじきと切り干し大根のときもあれば、干ししいたけとかんぴょうのときも。ごぼうやれんこん、にんじんなども加えてボリューム感を出せば、立派なおかずになります。乾物って少しシコシコしているくらいがおいしい。だから、歯ごたえが残っている程度に炒めるのがポイント。ちょっぴり濃いめに味つけして、常備菜にしてもいいですね。

81

干しわかめ

塩水で洗って干した塩干しわかめ、木炭をまぶして砂浜で干してさらに洗って吊るし干しにした鳴門わかめなど、種類や製法はいろいろ。私がよく使っているのは、鳴門糸わかめ。色、香りともに優れ、加熱してもベチャッとしないのが特徴。▶もどし方／熱湯をかけた後、たっぷりの氷水にとってもどし、水気をきって食べやすい大きさに切ります。長時間水につけておくと風味が抜け、ふやけてしまうので注意。

○わかめ卵炒め

もう一品おかずが欲しいときや、時間のない朝食によく作ります。わかめを炒めるときは強火で一気に炒めるのがコツ。パチパチはねるので注意して。

材料・4人分
干しわかめ　10g
　（もどす。P.82参照）
卵　3個
ごま油　適量
しょうゆ　大さじ1 1/2強
こしょう　適量

1｜わかめは水気をきってざく切りにする。卵は割りほぐす。
2｜中華鍋にごま油を熱して卵を流し入れ、ざっとかき混ぜて半熟状になったら取り出す。
3｜2の中華鍋にごま油を足し、わかめを入れて炒め、鍋肌からしょうゆを回し入れてざっとかき混ぜて味をなじませる。
4｜器にわかめを盛って卵をのせ、こしょうをふる。

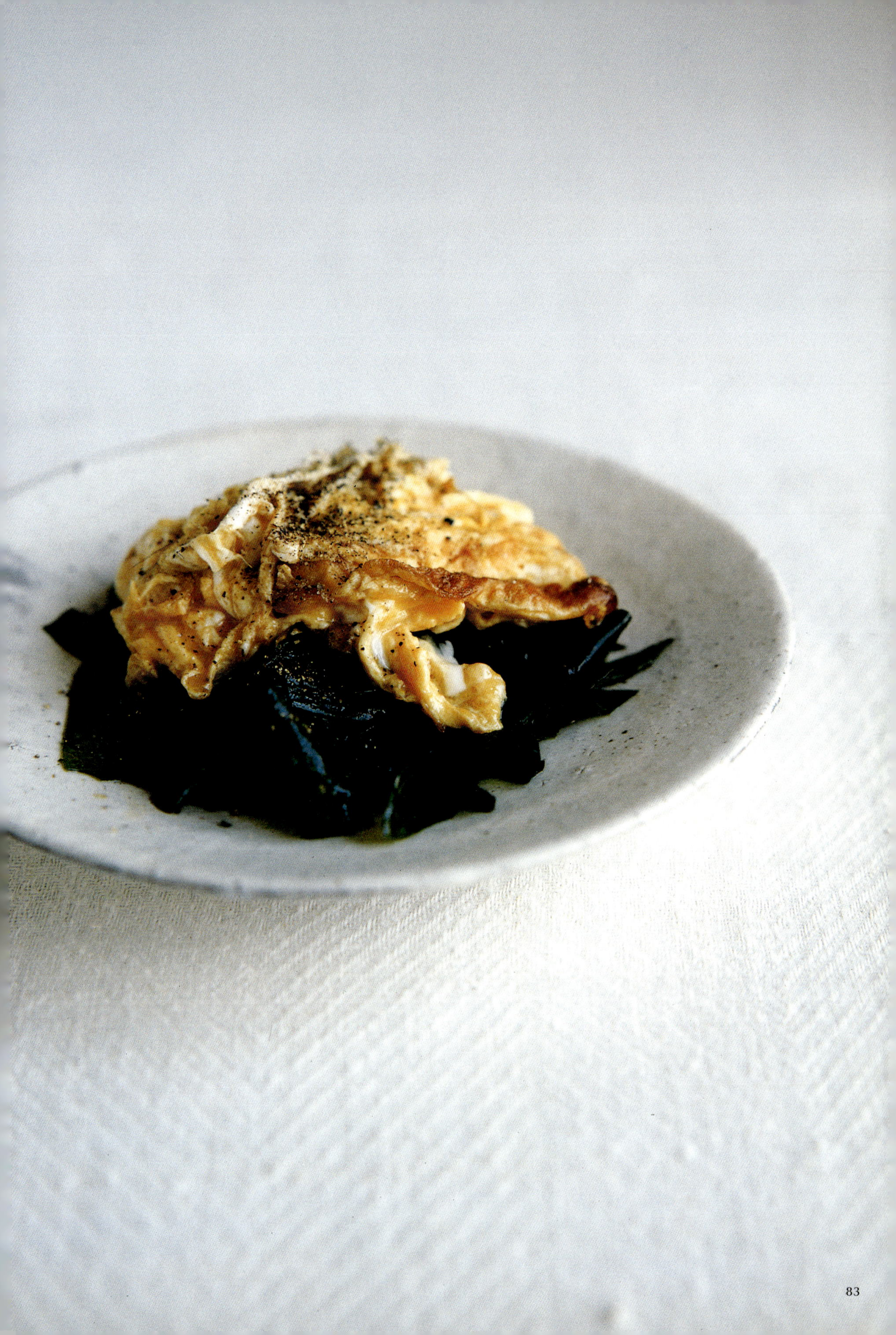

わかめとなすのみそドレッシング

夏の日の食卓に登場する、あっさり和風サラダ。
ごま油を効かせたみそドレッシングをかけて、
全体に混ぜ合わせていただきます。
食欲のない日にもおすすめ。

材料・4人分
干しわかめ　10g
　（もどす。P.82参照）
なす　3〜4本
みょうが　8個
青じそ　4枚
みそドレッシング
　みそ　大さじ2〜3
　ごま油　大さじ2
　酢　大さじ2〜3
　しょうゆ　少々
　七味唐辛子　少々
　実山椒　適量

1 | わかめは水気をきってざく切りにする。なすはヘタをとって縦半分に切り、斜め薄切りにして塩水（分量外）につけ、水気をギュッと絞る。みょうがは縦半分に切って斜め薄切りにする。

2 | みそドレッシングの材料は混ぜ合わせる。

3 | 器にわかめ、なす、みょうが、青じそを盛り合わせ、みそドレッシングをかけて混ぜて食べる。

○わかめと山芋のおかかサラダ

歯ごたえのある香り高いわかめに、山芋のシャキシャキ感をプラス。おかかじょうゆをまぶすだけで和風のサラダになります。

材料・4人分
干しわかめ　10g
（もどす。P.82参照）
山芋　15〜20cm
好みのスプラウト　1/2パック
削り節、しょうゆ　各適量

1 | わかめは水気をきってざく切りにする。山芋は皮をむいて酢水（分量外）にさらし、2〜3mm厚さの色紙切りにする。スプラウトは食べやすい長さに切る。

2 | 1を合わせ、削り節としょうゆをまぶす。

じゃこ

いわしの稚魚をゆでて干したもの。一般にしらす干しの中でも形のそろった小粒の上等なものを言います。ほどよい塩加減とほのかな甘みがあり、おろしあえや酢のものなどに少量入れるだけで、味がぐんと深まります。そのほか、かき揚げや炊き込みごはん、酢めしに混ぜてちらしずしやいなりずしにすることも。

○じゃことキャベツのかき揚げ

薄衣でまとめた揚げものが、かき揚げ。だから、衣の中に具が入っているのではなく、具がまとまる程度に衣を入れます。これでカリッ、サクッ!

材料・4人分
じゃこ　40g
キャベツ　大2枚
薄力粉　適量
揚げ油　適量
塩、青のり　各適量

1 | キャベツは細切りにする。
2 | ボウルにじゃことキャベツを入れ、薄力粉をふり入れ、水適量を加えて材料がくっつく程度にまとめる。
3 | 揚げ油をやや高温に熱し、2を適量ずつ落とし入れ、箸でたたいてポンポンとかたい感じになるまでじっくりと揚げる。
4 | 油をきって器に盛り、塩と青のりをふる。

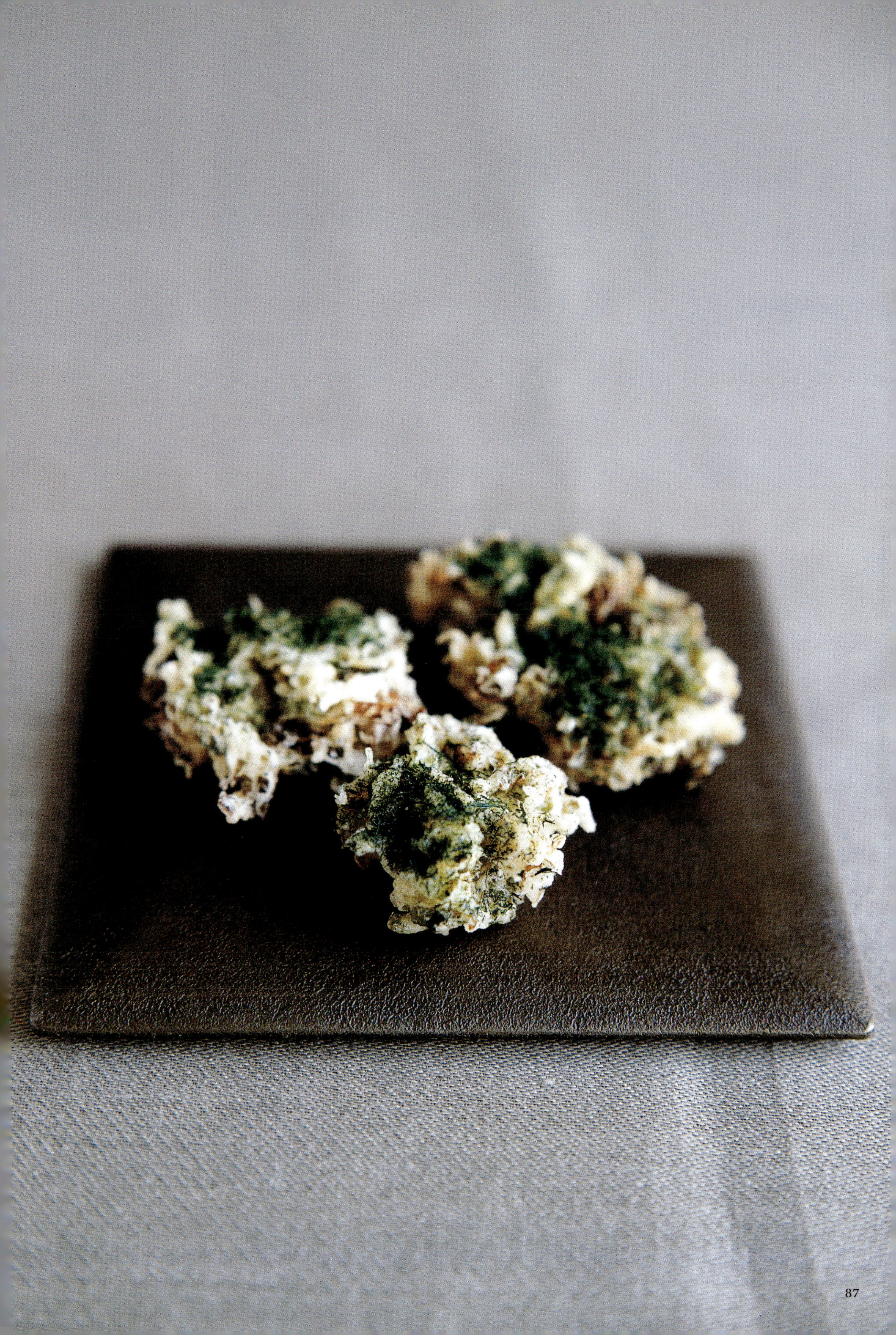

base ○ じゃこの酢漬け

じゃこが大好き。でも比較的傷みやすいので、私は酢漬けにしています。密閉瓶に入れて冷蔵保存しておけば数か月もつし、いろいろな料理に使えて便利です。以前はそのまま冷凍していたのですが、酢漬けにするとこれがまたおいしく、いつでも食べられるので、最近はこれ。

材料・4人分
じゃこ　適量
酢　適量

1 | じゃこを密閉瓶に入れ、酢をひたひたに注いでしっかりとふたをし、冷蔵庫に入れて味をなじませる。

baseを使って ○ きゅうりもみ

酢漬けのじゃこが冷蔵庫にあれば、パパッと作れるのがうれしい。砂糖の量は好みで加減して。

材料・4人分
じゃこの酢漬け（P.88参照）
　大さじ4
きゅうり　2本
砂糖　少々
すだちまたはかぼす　適量

1 | きゅうりは縦半分に切って斜め薄切りにし、塩水（分量外）につけ、しんなりしたら水気を絞る。
2 | ボウルに1を入れ、じゃこの酢漬けと砂糖を加えてあえる。かぼすまたはすだちを絞っていただく。

baseを使って

おろしあえ

じゃこをそのままおろしあえにしてもおいしいけれど、酢漬けのじゃこを使えば、ほんのりとした酸味で味が締まり、いつものしょうゆ味とはまた違ったおいしさになります。

材料・4人分
じゃこの酢漬け（P.88参照）
　大さじ2～3
ラディッシュ　4個
大根　適量
しょうゆ（好みで）　少々

1｜ラディッシュは輪切りにする。大根は皮をむいてすりおろし、水気をきらずにおく。

2｜1とじゃこの酢漬けをあえ、器に盛り、好みでしょうゆをたらす。

base ○ 揚げじゃこ

酢漬けになったやわらかめのじゃこも好きだけれど、カリッと香ばしく揚げたじゃこも、かなり好き。そのままおつまみとして食べるのはもちろん、冷奴や青菜のおひたしにのせたり、サラダに使ったり……。1袋分すぐに食べてしまいます。

材料・4人分
じゃこ　1袋
揚げ油　適量
塩　適量

1 | 揚げ油を中温に熱し、じゃこを入れてカリッときつね色になるまでじっくりと揚げる。
2 | ペーパータオルの上にのせて油をきり、熱いうちに塩をまぶす。

baseを使って

○ じゃこピー

自分で作ったじゃこピーはケミカルな味がしないので、酒の肴の定番になっています。ピーナツは皮つきの生のものをぜひ使ってください。

材料・4人分
揚げじゃこ(P.90参照)　適量
ピーナツ(皮つきの生)　適量
揚げ油　適量
塩、粉唐辛子、
　ガーリックパウダー　各少々

1 | ピーナツは揚げ油で揚げ、ペーパータオルの上にのせて油をきる。
2 | 1と揚げじゃこを合わせ、塩、粉唐辛子、ガーリックパウダーをまぶす。

豆腐のサラダ

baseを使って

おいしさの決め手は、カリカリじゃこを入れたピリ辛味のドレッシング。豆腐の水分で水っぽくなってしまわないよう、食べる直前にかけて。

材料・4人分
木綿豆腐　1丁
レタス　適量
紫玉ねぎ　1/2個
トマト　1個
じゃこドレッシング
　揚げじゃこ（P.90参照）　適量
　しょうゆ　小さじ1
　豆板醤　小さじ1/2
　おろしにんにく　1片分
　酢　大さじ1 1/2
　ごま油　大さじ1 1/2
　こしょう　少々

1 | 豆腐は奴に切る。レタスは手でちぎって水洗いし、水気をきる。紫玉ねぎは薄切りにして水に放してシャキッとさせ、水気をきる。トマトはひと口大に切る。
2 | じゃこドレッシングの揚げじゃこ以外の材料を混ぜ合わせ、揚げじゃこを加える。
3 | 器にレタスを敷き、豆腐、紫玉ねぎ、トマトを合わせて盛り、じゃこドレッシングをかける。

桜えび

体長5cmほどのサクラエビ科のえびを素干しにしたもの。生だと透明な桜色をしていることから、この名があるそう。そのまま食べたり、おろしあえやかき揚げ、チャーハンや混ぜごはんなどによく使います。味、うまみともに濃いので、ほんのちょっと入れるだけでおいしさがアップ。料理に彩りも添えられます。

○ 桜えびごはん

味つけは一切なし、目で色を愛で、桜えびの塩気と香りだけで食べる、和のごはん。今回は白米で作ったけれど、玄米ごはんにもよく合います。

材料・4人分
桜えび　30g
あさつきの小口切り　適量
ごはん　茶碗4杯分

1 | ごはんに桜えびとあさつきを加え、混ぜ合わせる。

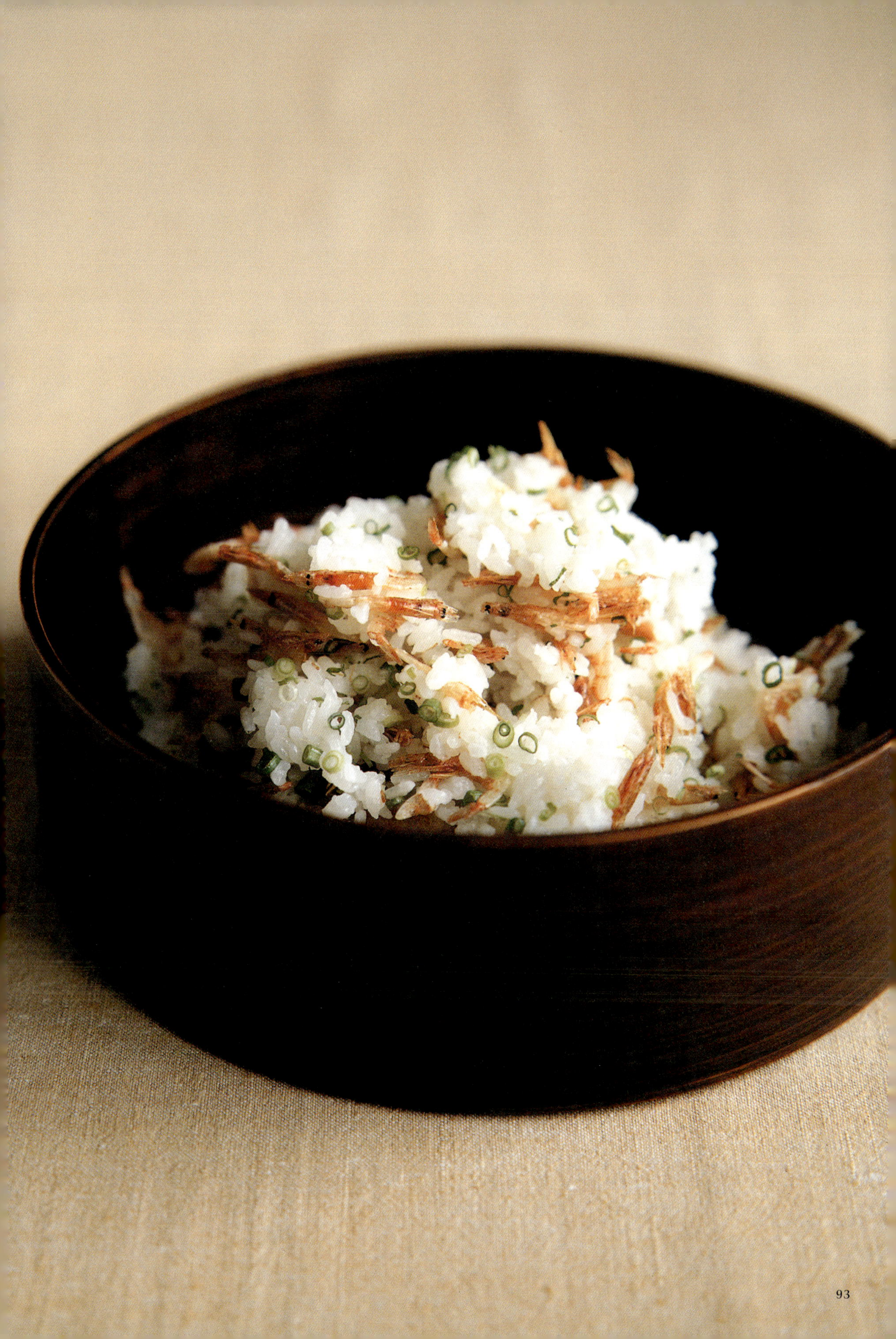

base○ 揚げ桜えび

揚げない桜えびは色と味を楽しみますが、揚げた桜えびでは香ばしさとうまみを堪能。ただ塩をふっただけで酒の肴やふりかけになります。

材料・4人分
桜えび　1袋
揚げ油　適量
塩　適量

1 | 揚げ油を中温に熱し、桜えびを入れてカラリと香ばしくなるまで揚げる。
2 | ペーパータオルの上にのせて油をきり、熱いうちに塩をまぶす。

baseを使って
○エスニックごはん

カリカリに揚げた桜えびとにんにくチップスの香ばしさが食欲をそそるごはん。バジルと香菜、あさつき、それから青じそ……。香味野菜を何種類か混ぜると、エスニック風に仕上がります。

材料・4人分
揚げ桜えび(P.94参照)
　大さじ3〜4
にんにくの薄切り　2片分
揚げ油　適量
バジル、香菜、あさつき、
　青じそ　各適量
ごはん　茶碗4杯分

1 | にんにくは油で揚げる。バジルと香菜は刻み、あさつきは小口切りにし、青じそはせん切りにする。
2 | ごはんに揚げ桜えびと1を混ぜる。

baseを使って

揚げかぼちゃとともに

ホクホクで甘みのあるものと、カリッとして塩気のあるものって、すごくよく合うんです。かぼちゃと桜えびも絶妙なコンビです。

材料・4人分
揚げ桜えび(P.94参照)　大さじ2〜3
かぼちゃ　1/4個
にんにくの薄切り　2片分
揚げ油　適量
塩　少々

1 | かぼちゃは種とワタを取り除き、薄いくし形に切る。
2 | 揚げ油を熱し、にんにくをきつね色に揚げてペーパータオルの上に取り出す。次に1を入れてじっくりと揚げ、ペーパータオルにのせて油をきり、熱いうちに塩をふる。
3 | 2と揚げ桜えびを合わせて盛る。

有元葉子 YOKO ARIMOTO

料理研究家。東京、野尻湖、イタリアに家を持ち、それぞれの暮らしから生まれるレシピを提案。使う素材や調味料は最小限、余分なものを削ぎ落とした引き算の料理、素材のおいしさを引き出した手をかけすぎないシンプルな料理が人気。機能美を追求したキッチンツールの開発も手がける。『有元葉子のbeans cooking 豆』（小社刊）も好評発売中。

アートディレクション：昭原修三
デザイン：下司恵梨子（昭原デザインオフィス）
撮影：今清水隆宏
スタイリング：千葉美枝子
編集：松原京子

乾物料理

2005年9月初版発行

著　者　有元葉子
発行人　青柳栄次
編集人　嶋尾　通
発行所　昭文社
　本社　〒102-8238　東京都千代田区麹町3-1
　　　　電話(03)3556-8111(代表)
　支社　〒532-0011　大阪市淀川区西中島6-11-23
　　　　電話(06)6303-5721(代表)
eメール　living@mapple.co.jp
ホームページ　http://www.mapple.co.jp/
○ Yoko Arimoto, 2005.9

許可なく転載、複製することを禁じます。
ISBN 4-398-21210-8　定価は表紙に表示してあります。
※乱丁、落丁がありましたら、当社あてにお送りください。代替品と送料をお送りいたします。